無理なく続けられる
# 年収10倍アップ時間投資法

勝間和代 経済評論家（兼 公認会計士）

Discover
ディスカヴァー

# はじめに

この本は、「すべての人に平等である時間を、いかに有効に自分の幸せのために投資するか」というノウハウを読者のみなさんに伝えるために書きました。

私は、女性であることやかなり早くに結婚して子どもがいたことから、そのような制約がない人と同じように時間を使っていては、同じ成果を残すことはできませんでした。そのため、時間を有効に使うということを人よりも強く意識してきました。

マッキンゼーやJPモルガンといった先進的な時間管理の考え方を採用している職場で長年働いていたことも、時間の使い方を身につける上でラッキーだったと思います。

こうした結果、三人の子育てをしつつ、フルタイムでいくつかの外資系の会社で働きながら、十九歳で公認会計士の二次試験に最年少で合格したのをはじめ、中小企業診断士やTOEIC、MBAなどの資格取得、働く母親向けとしては日本最大のインターネットコミュニティ「ムギ畑」の立ち上げなど、さまざまな結果を効率よく出すことができました。

これらの実績から、二〇〇五年にウォールストリートジャーナル誌が選ぶ「世界で注目すべき五十人の女性」にもランクインし、二〇〇六年には社会貢献したさまざまな女性を表彰する「エイボン アワーズ・トゥ・ウィメン」で、歴代最年少で大賞に選ばれました。

また、今年二〇〇七年からは内閣府の男女共同参画会議のワークライフバランスに関する専門委員として、政策の提言にも関与しています。

そして、三十八歳の今年、四月に出版した『無理なく続けられる 年収10倍アップ勉強法』が発売後一ヶ月足らずで十万部以上売れ、ベストセラー著者の仲間入りもしました。


こうした結果だけを見て、「さぞ、忙しいのでしょう」「寝ていないのじゃない」などと言われることも多いのですが、ごく親しい人は、逆に、「よく遊んでいるよね」「このお店がいいと勧めると、すぐに行ってくるよね」「本を薦めると、すぐに読んでいるよね」など、意外と私に時間の余裕があることをよく知っています。

実際、今でも週に二回のスポーツクラブと、週一回のネイルサロン通いは欠かしていません。


なぜ、こうした余裕があるかということですが、どうも私は、ほかの人とはかなり違った時間の使い方や考え方をしているからのようです。

**10倍RULE①〈時間投資で、成果を出しやすくする〉**

それを知った周りの人から、ぜひ時間の使い方のコツを説明してほしいと言われることが増えてきたため、この本で、私の時間の使い方のノウハウを公開することにしました。

## 時間投資法をマスターすれば短時間で成果を出せる

私は私自身の時間管理の方法を「時間投資法」と呼んでいます。

それは、ひと言で言うと、「より少ない時間で同じアウトプットを出すためにはどういう仕組みをつくればいいか」「中長期的な視点から、何に時間の投資をしておくべきか」といったことを軸に時間を使う手法です。

たとえば、先ほど、今年二〇〇七の四月に出版した著書『無理なく続けられる 年収10倍アップ勉強法』が発売後一ヶ月で十万部を超えるベストセラーになったと説明しましたが、実は、この本の実際の執筆作業はわずか二週間足らずでした。

ベストセラーの執筆がなぜ二週間ですんだかというと、その前に、ノウハウをいろいろな形でブログにまとめておく、頭の中に浮かぶ文章を論理立てて書く訓練をしておく、原稿を速く打つためにキーボードも「親指シフト」という打ち方をマスターするなど、成果を出すために必要な「部材」にあらかじめ「時間の投資」をしていたからです。

すると、執筆自体は、その部材を使ってまとめ上げるだけですから、短時間で完成できたのです。

このように**将来を見据えて、あらかじめ「時間の投資」をしておくことで、成果を出しやすくすることができる**のです。これは「時間の貯蓄」と言い換えてもよいでしょう。

**「仕組み化」すれば、誰でもできる!**

「長期的な視点で投資をしよう」と口で言うのは簡単でも、具体的にはどうしたらいいのかは、わかりにくいかもしれません。

**10倍RULE②〈「仕組み化」すれば誰でもできる〉**

そこで、この本で私は「自分が行ってきた無意識での行動」（これを、専門用語では「暗黙知」と呼びます）を、わかりやすい言葉で説明し（これを「既知化」といいます）、さらにそれを「仕組み化」することで、誰でも同じことをできるようにしたいと考えています。

この本を読むことで少しでも多くの方が、日常生活に「時間投資法」という新しい考え方を取り入れることによって、それまでの時間の使い方を変えられることに気づき、新しい行動を起こしていかれることを願っています。

## 人生で一番貴重な資源は「時間」

人生で何か新しい成果を上げたいと思うならば、いろいろな資源（リソース）を投入する必要があります。具体的には「お金」であり、「知識」であり、「労働」であり、そして「時間」です。これらの投入要素が無限にあれば、誰でもよいものを生産できるのですが、実際には投入要素は無限ではありません。

こういった投入要素のうち、もっとも希少で有限な要素は「時間」です。「お金」でも「知識」でも「労働」でもありません。

**「お金」は時間があれば、利子で増やすことができます。**
**「知識」も時間があれば、学んだり調べたりして増やすことができます。**
**「労働」も同じです。長い時間働けばいいのです。**
**しかし、「時間」だけは、すべての人に平等に一日二十四時間と限られています。**

アインシュタインもビル・ゲイツも、そして私たち誰もにとって一日二十四時間というのは同じなのに、なぜ人によって、生きている間にできることの結果がこんなに違うのかと言えば、それはやはり時間の使い方が違うのです。

時間の使い方が私たちの時給を決め、年収を決めていると言ってもよいでしょう。すなわち、有意義でかつ生産性の高いことに時間を投入できるようになればなるほど、短時間労働で高い年収が手に入るようになるのです。

本シリーズのタイトルにもある「年収10倍アップ」というのは、私の新卒から現在までの年収の実績をもとにつけたものですが、年収というのはあくまで結果です。その前にどのように有意義な時間を捻出し、その時間を配分するかということが、結果を導くのだと私は考えています。

本書のねらいは**「どうやって時間を有効に使って余裕のある生活をするか」**ということです。「どうやって時間を隅々まで使いきるか」ということではないことも念のため申し上げておきたいと思います。

## 時間をつくるために時間を投資しよう

最初にもっとも大事な概念として確認しておきたいことは、**「ある一定の時間を時間づくりのために投資することで、意味のある時間を増やすことができる」**ということです。

ちょっと抽象的でわかりにくいかもしれません。最初の『無理なく続けられる 年収10

倍アップ勉強法』の執筆の話を思い出してください。

この本は実質二週間で執筆できましたが、その裏側には、いろいろな訓練への投資がありました。「親指シフト」も、「フォトリーディング」も、「ロジカルシンキング」もすべて、訓練時間への投資が必要です。しかし、その訓練の結果、成果が出しやすくなります。

「運動」も時間の投資になります。定期的な運動による体力づくりとシェイプアップは、将来の自分が健康で、集中力もあって、体力も保っていられるための大事な投資です。つまり、一日三十分から数時間の運動は、将来の自分の大事な時間を延ばすことでもあるのです。

こうした「基礎能力づくり」や「運動」は、将来を考えると重要ですが、やらなかったからといって明日困ることがないので、後回しになりがちです。しかし、その部分にどれだけ時間を使うことができるかで、将来だけでなく、現在の生産性も変わってきます。

このように、「緊急性は低いけれども、必ず将来の時間の節約に役立つ取り組み」を、私は**「投資の時間」**と呼んでいます。

一方、テレビをだらだら見る、意味のない飲み会に行って大量に飲酒するなど、つまり自分にとって「重要でもなく、緊急性もないこと」を**「空費の時間」**と考えます。

**時間投資マトリックス**

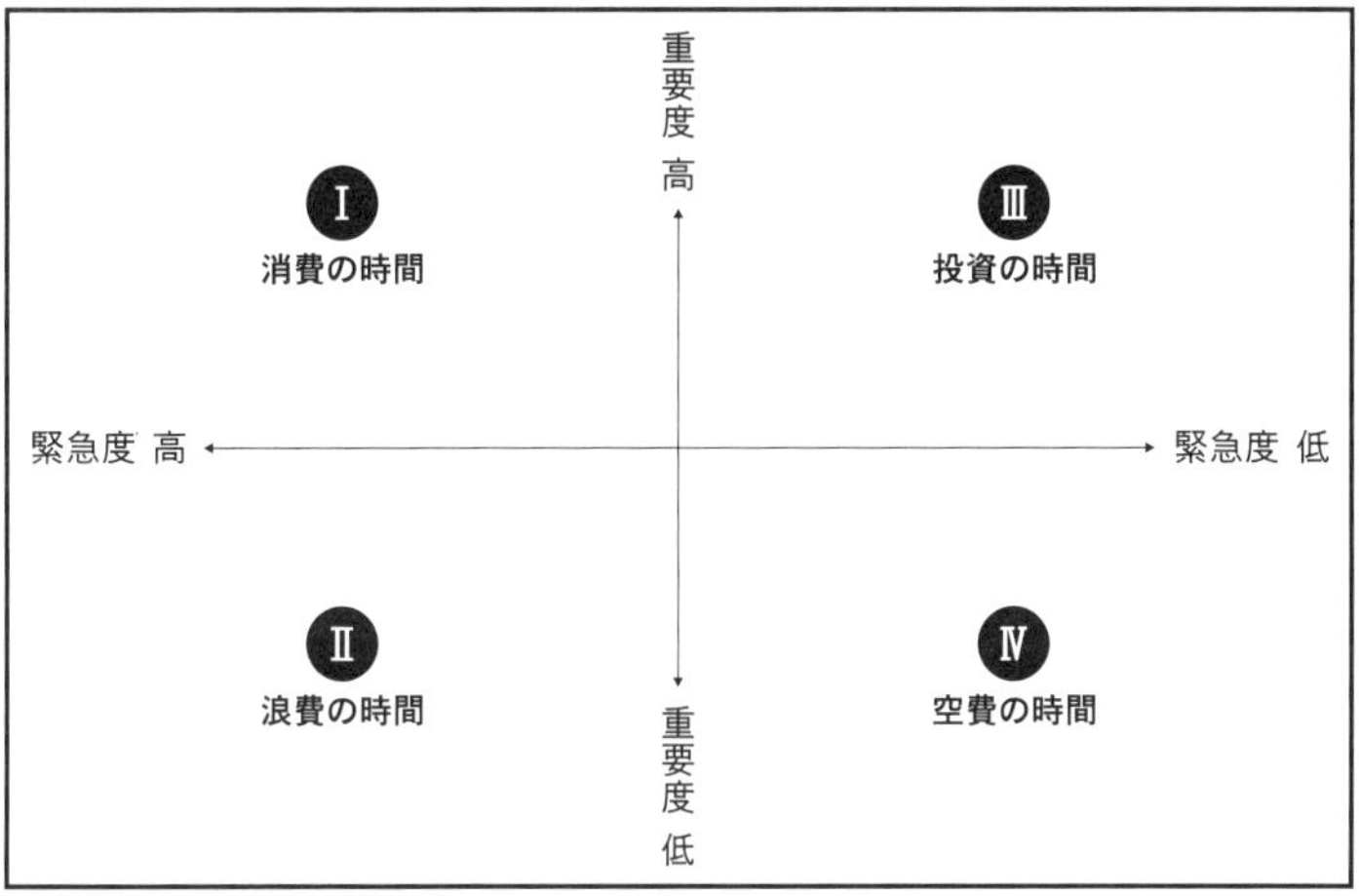


そして、日常生活の中で「緊急かつ重要なこと」が**「消費の時間」**、「緊急だけれども重要でないこと」は**「浪費の時間」**となるわけです。

**時間管理のポイントは、いかに、「浪費」や「空費」にあてている時間を「投資」に回して、その結果を意味のある「消費」につなげるか、ということです。**

この考え方は、この後、繰り返し本書の主題として出てきますので、とりあえず今の段階では、「時間は上手に投資をすることで増やすことができるのだ」ということを覚えておいていただければ十分です。

## まずは「やること」を減らそう

本文に入る前に、もう一つ時間管理のポイントをお伝えしておきます。それは、**時間管理とは、やることを減らすこと**と同義だということです。

時間管理をして、どんどん効率的に仕事をこなしても、その分だけ、どんどん新たな仕事が降ってきて、時間管理をすればするほどかえって忙しくなるという悪循環に陥ってしまう……多くの方がそんなふうに感じているのではないかと思います。

**なぜ忙しくなるのでしょうか。理由は簡単です。やることを減らさないからです。**

本書で一貫して言っていることは、「やることを減らしましょう」ということです。「いい人」になって、仕事を断らないでいると、自分の時間もなくなり、結局は仕事の質も下がり、仕事を依頼してくれた相手にも迷惑がかかります。そのため、自分が得意で、やりたいと思うことに集中して時間を使うべきだということを本書では推奨しています。

たとえば、私も『年収10倍アップ勉強法』がベストセラーになってから、二十社近い出版社から次々に執筆依頼をいただきました。

10倍RULE③〈やることを減らして、質を上げる〉

せっかくいただいたお話なので、できる限りお応えしたかったのですが、もちろん、すべてを引き受けることはできません。ご依頼いただいた方一人一人にお返事を書くことは、時間的にも、また精神的にも負担がかかることです。

そのため、私は「断りのための見本文」を用意しました。これは、仲のいい編集者の方にお願いして、「これまで執筆依頼を断られたけれども、気分を害さず、より好感度が増したメール」を見せていただいて、それを元にオリジナルのものをつくりました。

執筆依頼が届くと、その見本文をベースにして返信を書いています。こうすることで依頼してくださった相手の方の気持ちも尊重しながら、自分の状況や気持ちをお伝えできているのではないかと思います。

## 仕事を断れるだけの実績を上げる

とはいえ、会社で頼まれた仕事を断るには理由が必要です。上司は部下に仕事を断られると困るわけです。これが、部下にとっても、なかなか頼まれたことを断れない理由になります。

しかし本来、社員にたくさん仕事をさせることが会社の目的ではありません。売上や利益が上がればいいわけです。そうなると、十分な実績がある人は、必要以上の仕事を持ち込まれても自信を持って断れますが、一方、実績がない人は、仕事量で会社への貢献をアピールする必要が出てきます。

さらに注意したいのは、上司は「どうせ全部はやらないのだから」という発想で、部下にはちょっと多めに仕事を出すということです。つまり上司は、百二十、百三十頼んでおいて、百十くらいできればいいと考えるものなのです。このとき、百三十頼まれないようにするためにも、断れるだけの実績を上げることが必要になってきます。

10倍RULE④〈好循環を生む〉

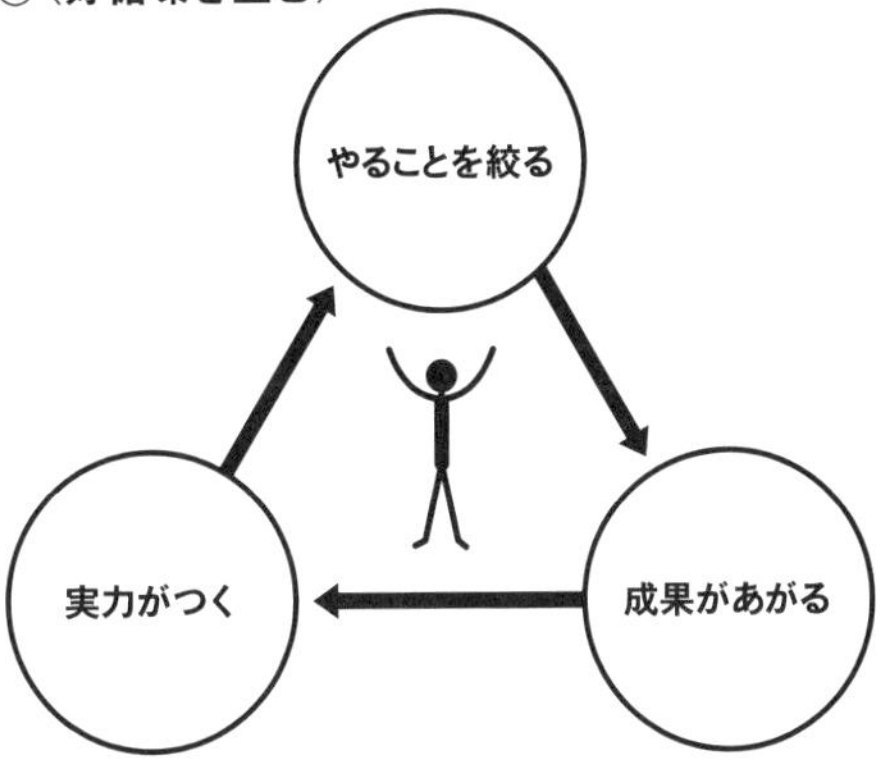


## やることを絞り込む

会社の仕事だけではなく、自分個人のスケジュールについても同様です。

どうしても、私たちは自分の実力を過信する傾向にあります。必要以上にスケジュールを入れてしまって、回らなくなってしまうのです。

これも、「本当に必要なものだけに絞り込むこと」、かつ「予定したことは期限までに仕上げること」を習慣化することで、時間管理はずいぶん楽になります。

自分に実力がつけばつくほど、やることを絞り込めるため、成果も上がるし、時間の使い方も効率的になっていくという好循環が生まれます。

本書では、どうしたらその好循環をつくる

ことができるかに集中して述べていきます。

## 精神論の時間管理から脱却する

やることを減らすには、取捨選択をしなければなりませんが、どうやって選べばいいのでしょうか。答えは単純です。

一人一人にはそれぞれのゴールがあります。その**ゴールに必要なものと必要でないものを見極めればいい**のです。

もちろん、ゴール設定によっては、実力をつけるために無理してオーバーワークをする期間が必要になることもあります。しかし、**オーバーワークの期間は一年から、せいぜい三年が最長です。**それ以上のオーバーワークはお勧めできません。

やることを減らすためには、**「単位時間あたりの生産性」を上げる**努力も必要です。

人によっては、簡単にできるはずのことに大量の時間とエネルギーを使っている場合があります。そういうときに会社は「仕事でトレーニングをするのだから、オーバーワークもしかたがない」といった論理を使うことがありますが、これも危険な考え方です。

なぜなら、効率化のための手法を与えずに、「がんばれ」と精神論で押し切ってしまうことは、結局長時間労働につながり、時間管理を台無しにするためです。

このような**精神論から脱却するには、時間管理の「手法」と「知識」が必須**です。

たとえば、問題解決の手法・業務知識・意思決定の材料・効率的な勉強法などは、時間管理とつながっています。何か行動を起こす際に、こうした判断材料や知識・能力があるかによって、時間管理の効率はずいぶん変わってきます。

## トヨタ式「カイゼン」を学ぶ

時間管理にはトヨタの生産性改善（「カイゼン」とカタカナで表記をされることが多いです）が一番参考になるのではと思います。これは「カンバン方式」をはじめとしたさまざまなノウハウで、昨日より今日、今日より明日と、毎日コツコツと改善を積み上げていく手法です。

その裏には、「七つのムダ（つくりすぎのムダ、手待ちのムダ、運搬のムダ、加工のムダ、在庫のムダ、動作のムダ、不良をつくるムダ）」という改善ポイントを定義することから、最新のＩＴを駆使した3Ｄ ＣＡＤによる設計や検査の仕組みまで、さまざまな手法が盛り込まれています。

**10倍RULE⑤〈コツコツと小さな改善を積み上げる〉**

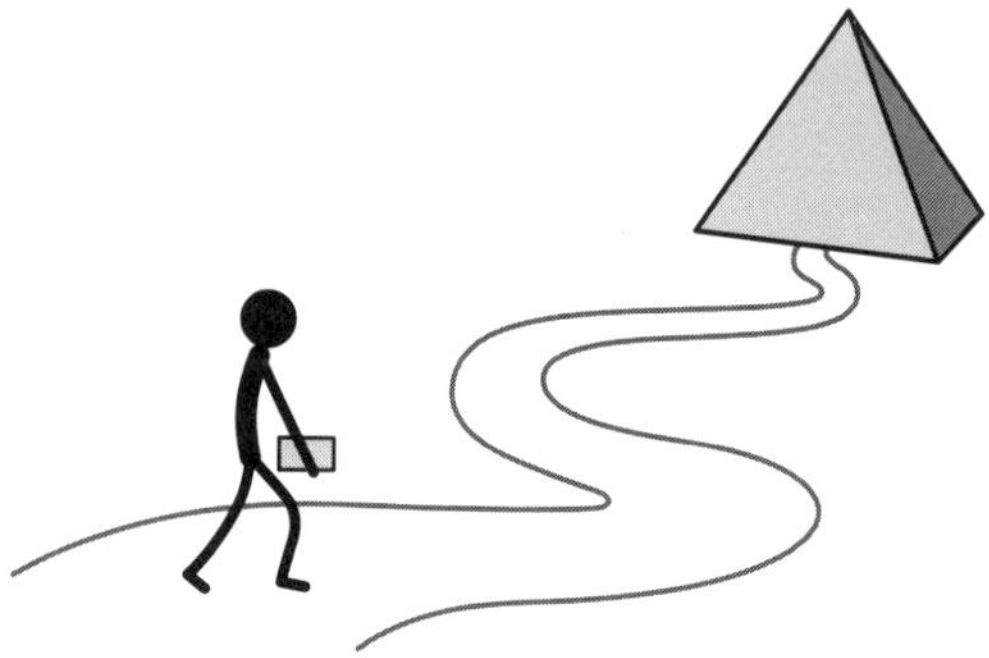

私はトヨタの生産性改善のプロセスのように、**個人の時間管理もコツコツと改善を積み上げるのが有効**ではないかと考えています。

一人一人の時間管理とは、今の制約条件下では今のやり方がベストだから、その状態に落ち着いているものです。それをいっぺんに抜本的に変えるのは非常に難しいのです。

時間管理は私たちの生き方の映し鏡であり、生活習慣そのものです。したがって、生活の中に潜むムダに手をつけずに、いきなり明日から、早寝早起きしようとか、ここで三時間何かをしようとか、そういう大胆な改善は多くの場合には三日坊主に終わります。

トヨタの手法と同様、ここに新しい仕組みを入れて、ここを旧来のやり方と差し替えてというような形で、日々、なしくずし的な改善をしつこくやっていくことが、最終的に大きな時間管理の改善につながっていくのです。

## この本の特徴

今までの多くの時間管理の本と、この本の違いは以下の三点です。

特徴❶——原理原則とテクニックをバランスよく配置している
特徴❷——「やること」ではなく「やらないこと」を重視している
特徴❸——結果を定量化し、効果測定する

それぞれについて、詳しくご説明しましょう。

### 特徴❶——原理原則とテクニックをバランスよく配置している

これまでの時間管理に関する本は、細かいテクニックの羅列が中心だったり、あるいは内容が抽象的すぎて実行に移しにくいものが多かったと思います。

「細かいテクニック」は、そのときには「なるほど」と思っても、自分の生活とは合わずに結局忘れてしまったり、「抽象的なもの」は、そのときには納得しても結局数週間たったら何も残らなかった、ということになりがちです。

そのどちらにも偏らないよう「時間管理の原理原則」と「実践のための具体的テクニック」の両方をバランスよく配置するようにしました。

さらに、本書のテクニックを実践したいという人向けに、『年収10倍アップ手帳』(本書と同時刊行)という手帳も用意していますので、そちらも参考にしてみてください。


読者の方に推奨したいのは、本書や手帳を使いながら、まずは**原理原則と仕組みづくりを覚えた上で、その後に独自の工夫をする**ことです。

そうすることで、たとえばトヨタの改善方式の本など、個人の時間管理とは異なる切り口の手法を学んでも、その原理原則を独自の時間管理に応用できるようになるといった「考え方のロジック」を組み立てていっていただきたいのです。

もちろん本書の中ではわかりやすくするため、なるべく具体的なテクニックも書いていきますが、そうしたテクニックも、そのまま使うというより自分でどんどんアレンジしていってほしいと思います。

**特徴❷——「やること」ではなく「やらないこと」を重視している**

二点目として強調したいのは、「やらないことを決めることがやることを決めることの

10倍RULE⑥〈「やること」より「やらないこと」が大事〉

二倍以上大切だ」ということです。なぜなら、やることを増やしても、時間管理上の効果が出るかどうかはわかりませんが、**やらないことを決めて実行した場合には、確実に時間管理上の効果が出る**からです。

本文の中ではお酒やたばこ、テレビなどのいろいろな「時間泥棒」をいかに退治するかが、繰り返し出てきます。やることを増やすのは簡単ですが、やめることには勇気がいります。本書を読むことで、読者のみなさんにそうした勇気が出ればと思っています。

**特徴❸——結果を定量化し、効果測定する**

三点目に強調したいのは**「定量化の大切さ」**です。時間管理は、その効果を測定することが簡単ではありません。しかしそれでも、自

10倍RULE⑦〈効果は数字で把握する〉

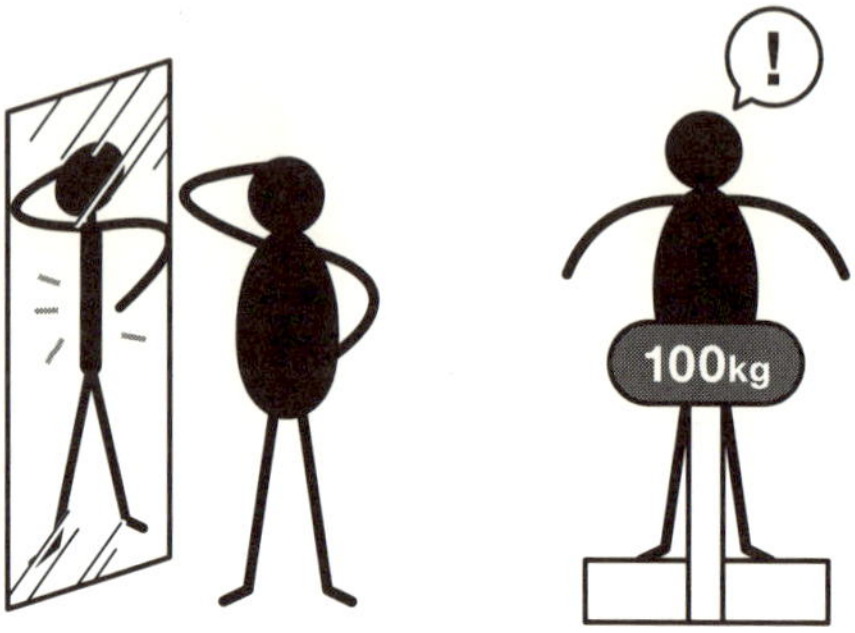


分が何に時間を使っているのか、その結果、単位時間あたりのアウトプットは上がっているのか、ベンチマーク（目安となる指標）は達成できているのか、ということを常に意識することが大切です。

私は執筆の仕事を引き受けるときには、「その原稿が一文字あたり何円になるのか」、そして「私は一時間に何文字書けるのか」ということを意識します。

一文字が四〇円になる原稿でもなかなか筆が進まないものもありますし、難易度の高いものもあります。一方、一文字五円の原稿でも、得意分野でどんどん書けるものもあります。そのかけ算で、自分が決めている時給を上回るものについて引き受けるのです。

引き受けたあとには、実際に書いている時

間を測定し、予定どおりの時間で終わっているかどうか、終わっていない場合には何がいけなかったのか、ということを反省し、改善点を検討します。

このようなベンチマークは職業によって異なると思いますが、自分の時間の使い方をいろいろな指標で測定していくといいのです。

また、自分が何かのサービスを買おうとする場合にも、そのサービスは時間あたりいくらになるのかをしっかり測定して、自分の収入とバランスをとるわけです。

## 新しいスキルを身につけるには

本文に入る前の最後の締めくくりに、新しいスキルの学び方について3ステップでまとめておきます。時間管理を効果的に学ぶために役立ててください。

### ❶現状を把握する

まずは、自分が今、「消費の時間（緊急かつ重要）」に仕事の時間の大半を使っている、あるいは「浪費の時間（緊急だが重要でない）」の仕事に追われてそれだけで疲れてしまい、リラックスしたくなって「空費の時間（緊急でも重要でもない）」に残りの時間の大半を使ってしまっている、その結果、「投資の時間（緊急ではないが重要）」に十分な時間が使われていない――こうした現在の自分の状態を認識することが第一歩です。

**❷目標を決めてギャップに気づく**

新しいスキルを身につけるときに、まず必要なのは**「なりたい姿＝目標」を決める**ことです。目標を決めると、「目標」と「現状の自分」のギャップが見えてきます。**人間の動機付けはそのギャップから生まれます。**ギャップに気づかない人には動機もありません。

大切なのは、「どうも、今自分が行っているよりは、もっとうまい方法があるようだ。そして、それを使うと、今よりもずっと時間がうまく使えるらしい。ぜひ、それを身につけてみたい」と**「目標」と「現状の自分」のギャップを具体的にイメージする**ことなのです。「ギャップを埋めたい！」と強く望むことが、学びの動機付けになります。

**❸目標と現状のギャップを埋める手法を学ぶ**

ギャップを意識しても、それを埋めるための具体的な手法や考え方がなければ、かえってフラストレーションがたまってしまいます。本書で、ギャップを埋めるための手法を一つ一つ手に入れてスキル・ビルディングをしていってください。

**おそらくたいていの人は全体の時間のうち一〇％も使えていない「投資の時間」をどうやって増やしていけばいいのかがメインテーマ**になると思います。そういう「大切だとわかりきっているけれどもできないこと」をどうすればできるようになるのか、これから本文で一緒に一つ一つ確認していきます。

無理なく「投資の時間」を増やせることがわかれば、あなたもこの「時間投資法」を新しいスキルとして、身につけることができるはずです。

そして、人生をさらに余裕を持って楽しむことができるようになった、と言っていただければ、これ以上うれしいことはありません。

二〇〇七年　夏

勝間和代

# 無理なく続けられる年収10倍アップ時間投資法　もくじ

# もくじ

年収10倍アップ
時間投資法

# 基礎編

# 1 なぜ時間管理はうまくいかないのか

最初に「なぜ時間管理の方法を改善することが難しいのか」、「いろいろな手法を学んでもあまり効果がないように見えるのはなぜか」ということから確認しましょう。

時間管理がうまくいかない理由は大きく分けて二つです。一つは**「ベストの方法がない」**ということ、二つめは**「効果測定が難しい」**ということです。以下、順番に一つ一つ説明していきます。

## うまくいかない理由❶――時間管理にベストの方法はない

時間管理の手法には「誰でもすぐに取り入れられて、すぐに効果が上がる万人向けの方法」というものはありません。

とはいえ、ないものを追い求めてしまうのが私たちの性《さが》。その結果、まずは「Aさんの時間管理法」、次には「Bさんの手帳術」といったように新しい手法ばかりを学んで、結局うまくいかないということが多いのではないでしょうか。

誰か他の人の方法を学ぼうとしてもうまくいかないのは、人それぞれで生活習慣やその他の条件が異なるため、最適な時間の使い方も人によって異なるからです。

**時間の使い方とは私たちの生き方そのものです。したがって「万人に役立つよりよい生き方」が見当たらないように、時間管理にも「万人向けの決定版」はありません。**

しかも、現状の時間の使い方は、長年の経験から組み立てられてきたものです。つまり、今のあなたの時間の使い方とは、「こういう時間の使い方をしたらこのように得をした」、「こういう使い方をしたらこうやって損をした」というこれまでの経験の中で、知らず知らずのうちに取捨選択して、自分がより楽に生きられるように積み上げてきたオリジナルの方法です。三十六歳の人なら三十六年間培ってきたものですから、一気に変えようと思っても、すぐに昔のやり方に戻ってしまったり、あるいは、変えたことでストレスがたまったり、かえっておかしなことになりかねません。

これは、何かに似ていると思いませんか？

そうです。実は、ダイエットや体調管理とまったく同じです。世の中にいろいろなダイエットの方法が氾濫しているのは、「誰でもそれでうまくいく」という万能の方法がない

**10倍RULE⑧〈原理原則に従う〉**

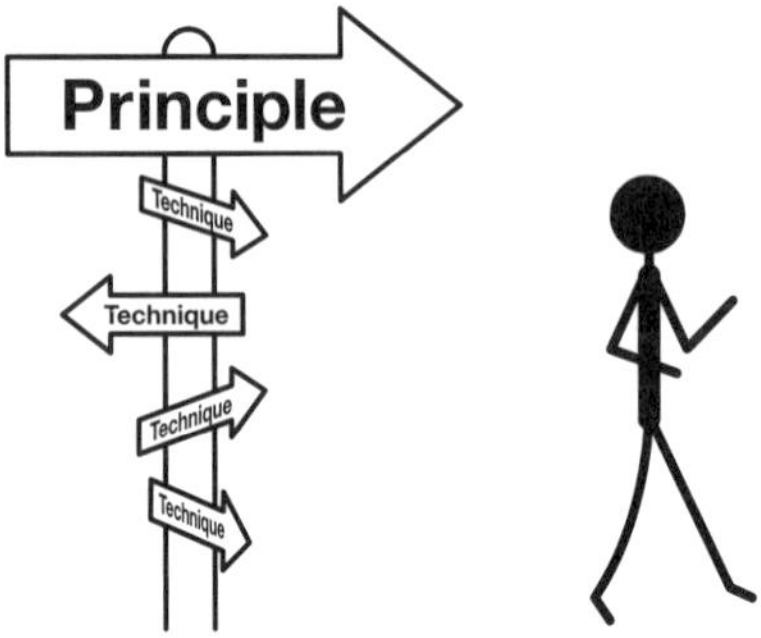


からです。

なぜなら、それぞれの人が太っている理由も違うし、可能な食生活も違うし、生活習慣も違うからです。したがって、いろいろなやり方の中から、それぞれに合った方法を学んでいかなければ、結局は何も得られません。

しかし、安心してください。

ダイエットには「摂取カロリーを消費カロリーよりも小さくする」という大原則があるように、時間管理にも大原則があります。**いろいろなバリエーションはあるにせよ、原則を守れば成果を得ることができます。**

どういうものが大原則かということについては後の章で詳しく説明することとして、ここではまず「ベストな万能薬がない中、自分が培ってきた時間管理の手法を改善していくには日々何を考えるとよいのか」ということを先に説明しておきます。

**対策1——日々、新しい方法を試してみる**

ベストな方法がない中、自分の長年の生活習慣を変えていく方法はただ一つ。**「ベターな方法の積み重ね」**です。はじめはそれほど効果がないように見えても、細かいちょっとしたところに意識を強く向けて、一つ一つ自分のこれまでの方法を少しずつ変えていくのです。

一般に、せっかくやり方を変えたとしても、それが三日坊主に終わってしまうことが多いものですが、それは、どんなにいい方法でも、やることがたいへんだったり、自分の考え方と合わなかったりして、習慣化できるものが少ないからです。すると、どうせ習慣化しないのだから、ということでやること自体をあきらめてしまうことが多い。

しかし、そこは考え方を転換してください。**十の方法を試して、一つでも自分の習慣として残ったら、それはもうけもの**だということです。

この十に一つというのは私の経験則からきています。試さないものは決して習慣化しませんが、十試せば一つの習慣が、百試せば十の習慣が手元に残っていきます。

**10倍RULE⑨〈失敗は成功のための投資〉**

パソコンを使っている人にはソフトウェアを例に説明するとわかりやすいかもしれません。私はパソコンが日々欠かせませんし、いろいろなソフトウェアを使っています。しかし、新しく購入したりダウンロードしたりしたソフトウェアの中で、日々使うソフトとして残るのは、せいぜい十本に一本ぐらいです。

いろいろと試してみて、だめなものが続いたとしても、一本いいものが見つかれば、それで生産性が上がるわけです。**だめだった九本をムダと考えるのではなく、一本を見つけるための投資だと考える**のです。

時間管理も同じように、日々改善してみて、試したものの十分の一が生き残って生活習慣に根づいてはじめて、少しずつうまくいくのです。今までうまくいかなかったと嘆く人は、試した数が少ないのではないでしょうか。

仮に十個に一個しか残らないとしたら、一ヶ月に一つの新しい手法では、せいぜい一年に一つ残るか残らないかということになってしまいます。それでは、なかなか目に見えた改善はできません。

たとえば私の場合は、**一日一つは何か新しいことができないか**と考えています。そうすると、一ヶ月に数個くらいは新しい手法として残りますので、一年たつと、それなりにいろいろな時間管理の方法が新しく加わってきて、バージョンアップされているわけです。

## うまくいかない理由❷——時間管理は効果測定が難しい

なぜ時間管理の改善が難しいか、二つめの理由は、効果測定の難しさです。

効果が実感できるまである手法を続けることは、慣れていない人にとっては、とても難しいことです。

筆記用具を一本、これまでよりも書きやすいものに替えたからといって、明日突然それで五分、十分と改善するわけではありません。時間管理にどれぐらい効果が上がっているかというのは、すぐには実感ができないものです。

ところが実は、数十秒単位でも速く書けるようになっていたり肩こりが軽減していたりするとしたら、月単位、年単位で見ると、大きな改善に値することになります。

日々のちょっとした改善というのは、一日で見ると、それこそ数分単位の変化にしかならないものばかりです。しかし、こうした細かい改善をコツコツ続けることが、時間管理の王道なのです。

## 対策2——続けられる「仕組み」をつくる

続けにくいことを続けるための技術について、身近な欲求である「運動をしたい（でも続かない）」ということにからめて、もう少し説明してみましょう。

この本を書いている二〇〇七年の夏、ビリーズ・ブート・キャンプというアメリカの軍隊式の負荷の強いダイエット方法がブームになっています。これを毎日実行すれば、一週間で数キロ痩せることも可能です。

しかし、このような短い期間で体に負荷をかける運動というのは、実証研究的には続かないというのが定説です。多くの場合、結局やめてしまって、生活習慣が元に戻ってしまうのです。

したがって、**負荷の高い四十～五十分の運動よりは、毎日五～十分、寝床でストレッチするほうがよほど続けやすく、トータルで効果が上がります。**

五十分のビリーズ・ブート・キャンプが毎日続けにくいのは当たり前としても、たった五分のストレッチだって毎晩続けるのは至難の業です。そこで出てくるのは、「仕組み」による解決です。

私はこれまで、いろいろなストレッチ器具やＤＶＤを買いましたが、みな三日坊主に終わって、うまく続けられませんでした。なぜなら、自分でやるのは忘れてしまうし、いちいちＤＶＤをつけるのも面倒だったからです。

ところが今年（二〇〇七年）の春、大枚一五万円（実売価格）をはたいて「快眠プログラムマット」というものを導入することでこの問題を解決しました。快眠プログラムマットとは、ナショナルから発売されている寝具で、エアポンプを使って、強制的に肩や腰・足などを勝手にストレッチしてくれるものです。寝るときに約十五分、起きるときに約九分のプログラムがセットされています。

快眠プログラムマットがなぜ続くかというと、スイッチを入れれば動くので、怠惰な私にでも続けられるためです。

10倍RULE⑩〈続けられる方法を考える〉

**人間は誰でも怠惰なものです。ですから、手間がかからない方法でないと決して続きません。**感覚的には、準備に数分以上かかるもの、準備に二手間以上かかるものは続かないのではないかと思います。「体重を量る」というのも、健康管理には有効な手段ですが、それならなんとか続くというのも、「体重計に乗れば体重が数字で表示される」という手間が少ない方法だからかもしれません。

## 対策3――「目標」ではなく「行動」にフォーカスする

ここで強調したいのは、何か新しいことを続けるには「行動」に目を向けることが重要だということです。具体的には**「道具」**や**「仕組み」を工夫して、「行動」が続くようにコ**

**ントロールする**のです。

往々にして私たちは「毎日寝る前に十分間ストレッチをしよう」とか「毎日食べるお菓子を減らそう」など「目標」ばかりに集中します。でも、続けるために重要なのは、ストレッチであれば快眠プログラムマットを買ったり、お菓子の量を減らしたいなら家からお菓子をなくして、コンビニにも行かないように外出するときにはカード以外持ち歩かないなど、目標よりも「行動」をコントロールすることです。

勉強法で例えるのなら、「MP3プレーヤーと英語のオーディオブックを買って通勤の行き帰りに毎日聞く」といった**「行動」にフォーカスすると続けられる**のです。

私たちの行動を経済学で分析する「行動経済学」という興味深い学問があります。行動経済学では、こうした道具や仕組みのことを「コミットメント・デバイス」と呼びます。直訳すると、「私たちに約束をさせる道具」ということです。ダイエットをはじめ、さまざまな行動がこの「コミットメント・デバイス」で改善するということが実証されています。

時間管理を改善するには「まず手帳を買いなさい」とよく言いますが、実際手帳を「行動」のコントロールタワー、すなわちコミットメント・デバイスにするのはとても効果的な方法です。**手帳でこれまでの「行動」や、これからの「行動」を目に見えるようにすることで、「行動」はよりコントロールできるようになります。**

## 対策4――必ず効果を測定する

先ほど、行動をすれば結果はついてくるということを強調しました。しかし、その効果が時間の投資に見合うものであるかどうかは、常に計測し続ける必要があります。

具体的な効果が出るまで時間がかかる行動もあります。それでも、**週の終わりには一週間の行動を振り返って、投入した時間と、それに対応する効果についてレビュー**します。

「英語の勉強を増やす」ということが目標であれば、今週は何分オーディオブックを聴いて、何回英会話教室に行ったのかを記録します。模擬試験でも本試験でもいいのですが、TOEICのスコアを目安にして、上がった得点を英語の勉強時間で割ると、一時間の勉強でおおよそ何点の点数アップにつながるかが見えてきます。

目安としては一時間あたり〇・四点前後の点数アップではないかと思います。すなわち二〇〇点上げるためには五百時間、四〇〇点上げるためには千時間の勉強が必要だということがわかるわけです。

さらにこのTOEICのスコア上昇ごとに、どのくらい時給が上がるのかというのもイメージしてみるといいでしょう。

10倍RULE⑪〈効果を数字で把握する〉

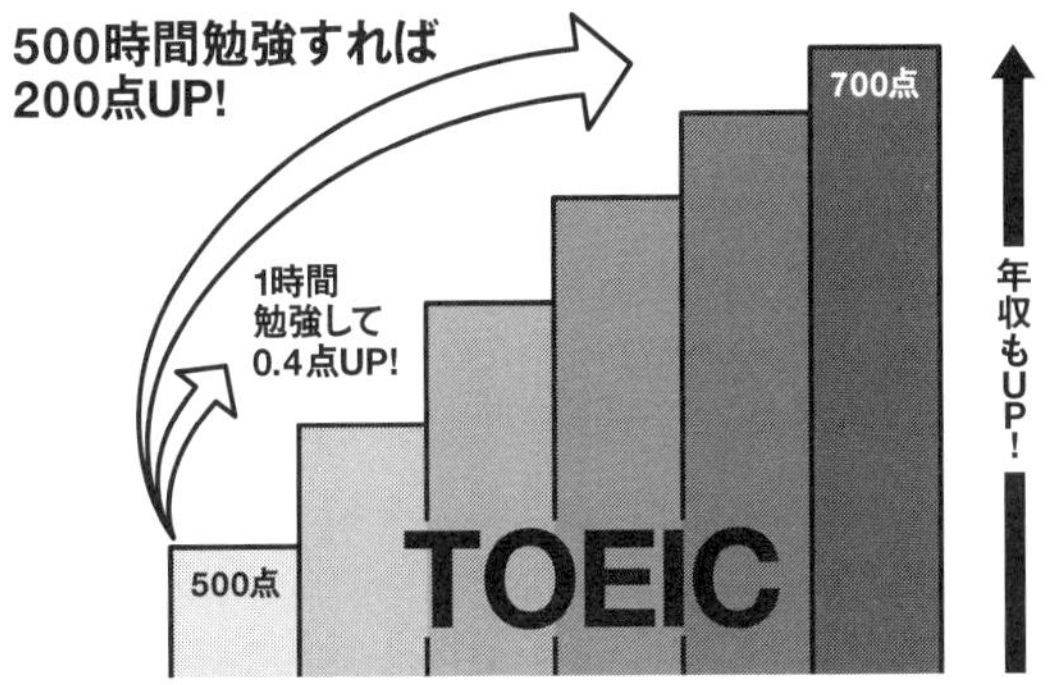


私の観察では、五〇〇点を基準点とすると、一〇〇点上がるごとに給料は約一割増しといったところではないかと思います。すなわち、同じ職業の人と比較して、七〇〇点の人は五〇〇点の人の二割増し、九〇〇点の人は四割増しになる感覚です。

つまり、TOEIC五〇〇点の人が五百時間勉強すると七〇〇点になり、時給が二割増しになるポジションに昇進するか、転職する可能性が生まれるという計算になります。上がる前の年収が五〇〇万円だとしたら、英語の勉強の結果年収六〇〇万円になるという計算です。

五百時間使って一〇〇万円年収が上がったことになるので、英語一時間勉強あたりの効果は一年の収入当たり二〇〇〇円。底上げされた年収はそのまま続きますので、この底上げ効果が十年分と仮定すると、英語の勉強一時間あたりの効果は二万円になります。

**このように定量化をしていけば、時間管理を行うモチベーションができます。**

## 時間管理で「やってはいけない」三つのこと

時間管理では決してやってはいけないことが三つあります。

❶自分一人でがんばる
❷やることを減らさないで、時間がかかることをはじめる
❸（Plan-Do-Checkの）Checkをしない

それぞれを詳しく見ていきましょう。

## やってはいけない❶自分一人でがんばる

これは新しい道具や新しいやり方も何もなしに、明日からこういうことをやってみようとか、こういうふうに心がけようとか、自分一人だけで決意するということです。

せめて紙に書いて、毎日見る場所にはればいいのですが、紙にも書かずに「よし、明日からやってみよう」と決心するだけでは三日と続きません。これは断言できます。新しいスキルや手法を人や本から学ぶことではじめて効果的な仕組みづくりが可能になるのです。

## やってはいけない❷やることを減らさないで、時間がかかることを始める

新しい生活習慣を試すのはいいことですが、その負荷が一日五～十分増えるだけでも、結構な負担になります。

たとえば、手帳で「Ｔｏ Ｄｏを週の頭にまとめよう」という提案がありますが、これまでの週末のスケジュールを何も変えずに「寝る前に書き込もう」としても、まず続きません。それよりは、たとえば月曜日の朝の通勤電車には、本も新聞も持ち込まずに、手帳しか暇つぶしがない状態にし、そこで確実に週のＴｏ Ｄｏをまとめるといった方法が効果的です。

## やってはいけない❸（Plan-Do-Checkの）Checkをしない

何か新しいことをＰｌａｎ（計画）するのは楽しい時間です。それをＤｏ（実行）することもなんとかできます。

しかし、その効果を測定（Ｃｈｅｃｋ）しないで、効果があったかどうかもわからないうちに、なんとなく面倒になってやめてしまう。そして、また別のＰｌａｎに取りかかる――そうした経験はないでしょうか。でも、これではまるで、どこかに夢のダイエット法があるかのごとく、いろいろなダイエットを試している人と同じになってしまいます。

# 2 なぜ新しい行動は続かないのか

せっかくスケジュールを決めても、ほとんどそのとおりにいかないという悩みをよく聞きます。続けられないのには、はっきりとした理由があります。

**理由❶——動機付けされていない**

夏休み前の小学生が、ここで起きて、ここで宿題をやって、ここで昼寝をして、と「理想的なスケジュール」を立てるのだけれども、一日たりともそのとおりにはできない——あなたのスケジュールも、そのようなことになっていないでしょうか？

大人になっても、朝はＮＨＫラジオのビジネス英語を聞いて、会社の帰りにはスポーツクラブでエアロビクスをしてなどとスケジュールを立てますが、結局、ほとんど実行されずに終わります。

10倍RULE⑫〈あめとむちで動機付け〉

なぜこのようなことが起こるかというと、答えは簡単です。

**◎決めたことを守らなくてもペナルティがなく、**

**◎決めたことを守っても、目に見える報酬がない**

——からです。

いわゆるあめとむちの仕組み（「動機付けのシステム」と呼びます）がない限り、人間の行動はなかなか根づきません。

つまり、いいことがあるとその行動は続くし、悪いことがあると続かなくなります。しかし（繰り返しになりますが）時間管理の場合「いいことがどれだけあったのか」はなかなか測りにくいのです。

せっかく予定を立てたのに、ついついゲームをして遊んでしまって、仕事や勉強が手につかなかった――という状態には必ず裏に理由があります。その理由をつぶしていかないと、解決しないのです。

よく「計画どおりに続けられない理由」について、多くの人は「自分は意志が弱いから」と考えがちですが、そうではありません。

誰だって、意志は弱いのです。「あの人は意志が強いからデキる」とか、「あの人は意志が弱いからだめだ」とか、意志が万能薬であるかのように言ってしまうのは簡単なことです。しかし、「意志が強い人」なんてどこにもいないのです。

**実行できる人とできない人の違いは、「（誰でも弱い）意志を、いかに手法やスキルで補って、習慣化できるようにしているか」ということに尽きます。**

## 理由❷――好循環が生まれるまで時間がかかる

それでは、習慣化できる人とできない人の違いはどこから来るのでしょうか。

習慣化できるかできないかは「好循環が生まれるまで、その習慣を続けられるかどうか」で決まります。つまり、効果が出るまで我慢できるかどうかなのです。

それではなぜ、好循環が生まれるまで我慢できる人とできない人がいるのでしょうか。

答えは、「仕組みづくりスキルの有無」と、「成功体験があるかどうか」によるということだと思います。

時間管理が得意で、**生産性が高い人というのは、苦もなく続けられる方法を「仕組み」として開発している**ものです。そして、その「仕組み」に乗って、いつかよくなるということを信じて、成果が出るまで一ヶ月とか三ヶ月とか、新しい手法に取り組みます。仕組みの助けを借りることで、成果が生まれやすくなり、次の手法に取り組むときにも、成功体験があるので、同じように数ヶ月間我慢することができます。

一方、習慣化できない人というのは、まず新しい仕組みをつくるスキルに長けていないケースが多いようです。そのため、苦労しながら続けなければならないし、あまりにたいへんなので、すぐにやめてしまって、次の手法を探します。そして、やはり次の手法も三日でだめと思ってやめてしまう、その繰り返しです。

したがって、**とりあえずはほんの小さな変化でもいいから、「やり続ける」ということを習慣にする**ことが第一歩です。そのときに、自分の意志だけでやろうとすると続きませんから、**「続けられる仕組み」をつくることに集中する**必要があるのです。その仕組みをつくるスキルが習慣化の鍵になります。

**10倍RULE⑬〈行動が続く「仕組み」を考える〉**

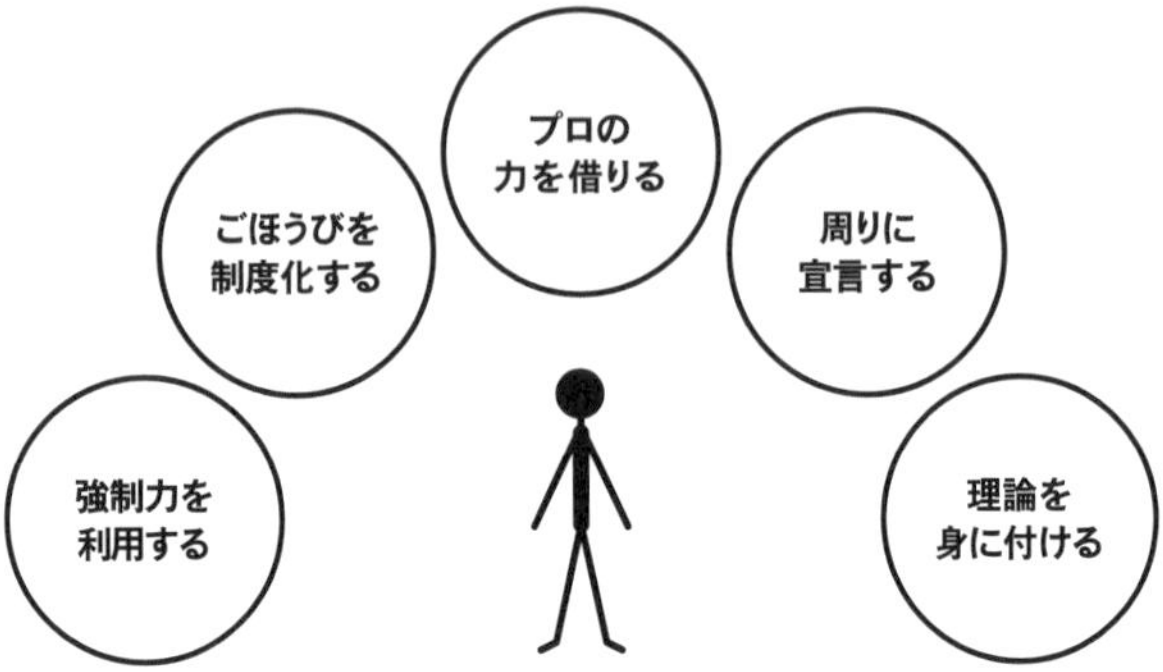


どのような「仕組み」（行動経済学の用語で言うとコミットメント・デバイスです）をつくるかについてはあとで具体的に説明しますが、次のようなさまざまな方法で、内的動機付け、外的動機付けを行っていくことになります。

**◎自分へのごほうびをわかりやすい形で制度化する**
**◎周りに宣言をして手伝ってもらう**
**◎プロの力を借りる**
**◎会社の強制力を利用する**
**◎関連する知識についての理論を身につけて自分を納得させる**

## 理由❸――できない理由を考えていない

少し抽象論が続いてしまいました。もう少し身近な話で、続かない場合の対策を考えてみましょう。

あることが続かなかったり、できなかったりした場合には、「なぜできないのだろう」と原因を考えることが大事です。考えてみて、**できない理由がどうしても自分で克服できないことだったら、それはもうやらなくていい**のです。

たとえば「朝五時起きして勉強する」ということを考えるとします。やはり六、七時間寝ないといけませんから、夜の十時か十一時には寝ないといけないわけです。でも毎日帰宅が夜の九時だったら、その人はどうやっても、習慣的に五時起きをすることはできないでしょう。その場合は、「この手法は自分の生活習慣の中では不可能であり、合わないのだ」と割り切るしかないのです。

このように、より抜本的な理由に戻って、やりきれない原因が見つかったら、それはもうあきらめるか、それでもやっていける方法を考えます。

## 理由❹——一流の人のやり方をそのまま真似している

新しい手法を手に入れるために、一流の人たちの時間管理のやり方を参考にすることは十分意味があります。

たとえば、川本裕子さん（『川本裕子の時間管理革命』著者）、本田直之さん（『レバレッジ時間術』著者）などの方法論はとても参考になります。問題は、このような一流の人のやり方を真似しようとすると、そのままではなかなかうまくいかないということです。なぜなら、川本さんや本田さんの方法は、お二人の経済環境や時間環境の中で初めて成り立っているものだからです。

たとえば、本田さんは著書の中で、「タクシーでの移動」と「スポーツクラブでの運動」を強く推奨しています。しかし私は、すべての移動をタクシーにしてしまうことは経済的にためらわれるのと、スポーツクラブにも本田さんほど頻繁に行けるわけではないので、タクシーでの移動を自転車での移動に切り替えました。これで、移動時間と運動が両方いっぺんに解決できたわけです。

このように、**参考になるなと思ったやり方は、そのままますぐに真似をしないで、「これぐらいだったらできるかな」というくらいにアレンジして取り入れる**ことです。

## 理由❺——現状をあまり変えないで、大きなリターンを期待している

新しい手法を取り入れることについて、もう一つ覚えておいてほしいことがあります。それは、**本当に大きなリターンを得たいと思ったら、いろいろなことを現状から大きく変える必要がある**ということです。現状を変えないままで、大きなリターンを得ようというのは虫がよすぎます。なかなかそういうことはできません。

時間管理で「大きなリターンを得るための大きな変化」とは具体的に何かというと、代表的なものは**「転職」**と**「引っ越し」**です。

これらはどちらも、成功すれば大きな時間的リターンがあります。なぜなら、**時間管理で一番効くのは「勤務時間の長さ」と「通勤・移動時間の長さ」を解決すること**だからです。

たとえば、長時間勤務の職場に長距離通勤をしている人が、この二つの問題を解決せずに、ほかの部分で時間管理に取り組んだとしても、それは、生活時間のうちの七〇%に手をつけずに、三〇%だけを解決しようとしているようなものですから、なかなか成果は上がりません。

「転職」も「引っ越し」も、私たち個人の生活にとっては大きな変化であり、大きなリスクでもあります。新しいペンに替えるとか、ちょっと手帳を替えるという話とは違います。それでも、大きなリターンを得たいのなら、リスクも大きくとらないといけないので

10倍RULE⑭〈転職、引っ越しは大きなリターンのチャンス〉

す。

リスクには「不可逆的なリスク」と「可逆的なリスク」があります。

引っ越しは、もしうまくいかなかったら元の場所に戻ることができますから「可逆的なリスク」です。

一方、転職は「不可逆的なリスク」なので、就職でも転職でも、時間管理の意味からも、よくよく考えて職場を選んでください。ここで失敗をしてしまうと、他の多くの努力が台無しになってしまいます。

## 続けられる「仕組み」をつくって、成果が出るまで続ける

何も変化させずに、なかなかうまく時間管理ができなくても、それは当たり前です。手

帳を買ったからといって突然時間管理ができるようになるものでもないですし、一流の人の時間管理法の著書を読んでも、すぐにできるものではありません。

すべては、いかに

**◎うまく他の人の手法を学んで**
**◎それをアレンジして取り入れて**
**◎続く仕組みに落とし込んで**
**◎成果が出るまで続けられるか**

――ということにかかっています。

何かを変化させるには、どこまでのリスクを現状でとれるのかについてバランスをとりながら、生活習慣や生活様式に、一つ一つ、新しい方法を取り入れていく必要があります。

## 3 勝間式「黄金の時間の5原則」

ここまでは、「なぜうまくいかないか」という話を中心にしてきました。その理由は、「なぜうまくいかないか」がはっきりしないと、その先の解決策が行き当たりばったりになりがちだからです。

ここまで、解決策については「成果が出るまで続く仕組みをつくること」、その「スキルを先人から学ぶこと」などの原理原則を中心に述べてきました。さらにそれらをより具体的な処方箋として、勝間式「黄金の時間の5原則」としてまとめてみました。

この**「黄金の時間」とは、有意義で生産性が高く、かつ、高収入につながる時間**のことです。時間のマトリックスで言うと、Ⅰ「消費」やⅢ「投資」に属する、「収入」に深く結びついている時間を指します。すなわち、この「黄金の時間」が増えるほど、私たちの幸福感も増しますし、収入も増えるのです。

**10倍RULE⑮〈「黄金の時間」で収入も幸福も手に入れる〉**

下記が勝間式「黄金の時間の5原則」です。

**原則❶——時間をつくるためには、あらゆる面の投資を惜しまない**

**原則❷——単位時間あたりの成果に、固執する**

**原則❸——必要以上に「いい人」にならない**

**原則❹——やりたくて、得意で、もうかることを優先する**

**原則❺——スケジュールはゆったりわがままに設定する**

## 黄金の時間の原則❶──時間をつくるためには、あらゆる面の投資を惜しまない

一つめの原則は「時間をつくることに対して、あらゆる面で投資を惜しんではならない」ということです。具体的には、**道具・体力・変化・知識・手法**の五つの面での投資を惜しまないということです。

繰り返しになりますが、人間、誰でも意志が弱いものです。続けられる人と続けられない人の違いというのは、ただ──、

**◎続けられる仕組みをつくっているかどうか**
**◎その投資に対するリターンを実感できているかどうか**

なのです。

この本の最初に、もっとも重要なリソースは「時間」だと説明しました。時間さえあれば、ほかのことはたいてい解決できます。ですから、**投資という観点から見れば、時間を増やすための投資を惜しんではならない**のです。時間を増やすことができれば、投入したリソースを取り戻すことはさほど難しくないのですから。

## ［1］道具に投資する

ここで言う道具とは、**手帳、文房具、自転車、パソコン**などを指します。

まずは**手帳**について考えてみましょう。

無地の手帳を買って、せっせと自分で線を引いてもいいのですが、時間管理のノウハウを盛り込んだ優れた手帳が市販されています。これを購入し、他の人が開発した手法を安く手に入れて、自分の時間を節約しましょう。

時給二〇〇〇円の人が一五〇〇円の手帳を買ったとしても、手帳を使うことで一時間以上の時間を節約できるのであれば、まったく問題のない投資になります。

手帳については、私も昨年から自分で使いたいと思える手帳を設計してディスカヴァーより発売しています。今年も『ワーク・ライフ・バランス手帳』、『年収10倍アップ手帳』と、二種類の手帳をつくりました。自分に合った手帳を手に入れることは、自分の時間のコントロールタワーを手に入れることですから、時間管理にたいへん役立ちます。

ほかに、**「基本的な文房具は持ち歩く」**という方法もお勧めです。具体的にはカバンの中に、はさみ・ホチキス・切手・印鑑・セロハンテープ・修正液など使用頻度が高いものを常に入れておくのです。すると、ちょっとした作業が必要なときに、家でもオフィスでも出先でもいちいち道具を探すことなく、カバンの中のもので対応できます。

もう一つ、道具として推奨したいのは、**自転車**です。

私たちの時間の中で、移動時間はかなりの部分を占め、かつ、ムダになりがちな時間です。この時間を、自転車で短縮するのです。タクシーという選択肢もありますが、投資とリターンのバランスから考えると、自転車への投資のほうが現実的です。

なぜ、タクシーよりも自転車のほうが現実的なのかを検証してみましょう。

都内では、地下鉄で移動すると五十分以上かかる場所でも、タクシーを使ったら二十分か二十五分というケースはよくあります。タクシーを利用するかどうかは、その差である三十分を短縮するために、二〇〇〇円ちょっとを投資するかどうかの判断です。

自分の一時間あたりの給料（時給）を考えますと、多くの人は、三十分で二千円を払うことは躊躇するでしょう。これはどういうことかというと、タクシーの料金に比べて、手取りの時給が低いということです。時給がタクシーの料金よりも上がれば、もっともっとタクシーを使えるようになります。

一方、スポーツ自転車を使った移動を考えてみます。スポーツ自転車があると、タクシーに乗らずとも、四、五キロ圏内は、**大体どこでも三十分以内**で着くようになり、時間効率が格段に上がります。さらに、私は四万円を別途投資して、持ち歩けるタイプのナビ（Mitac Mio C325）を自転車につけているので、道に迷うこともありません。イメージとしては**自分でタクシーを持ち歩いているような感じ**です。

都内の移動はほとんどが4～5キロ圏内

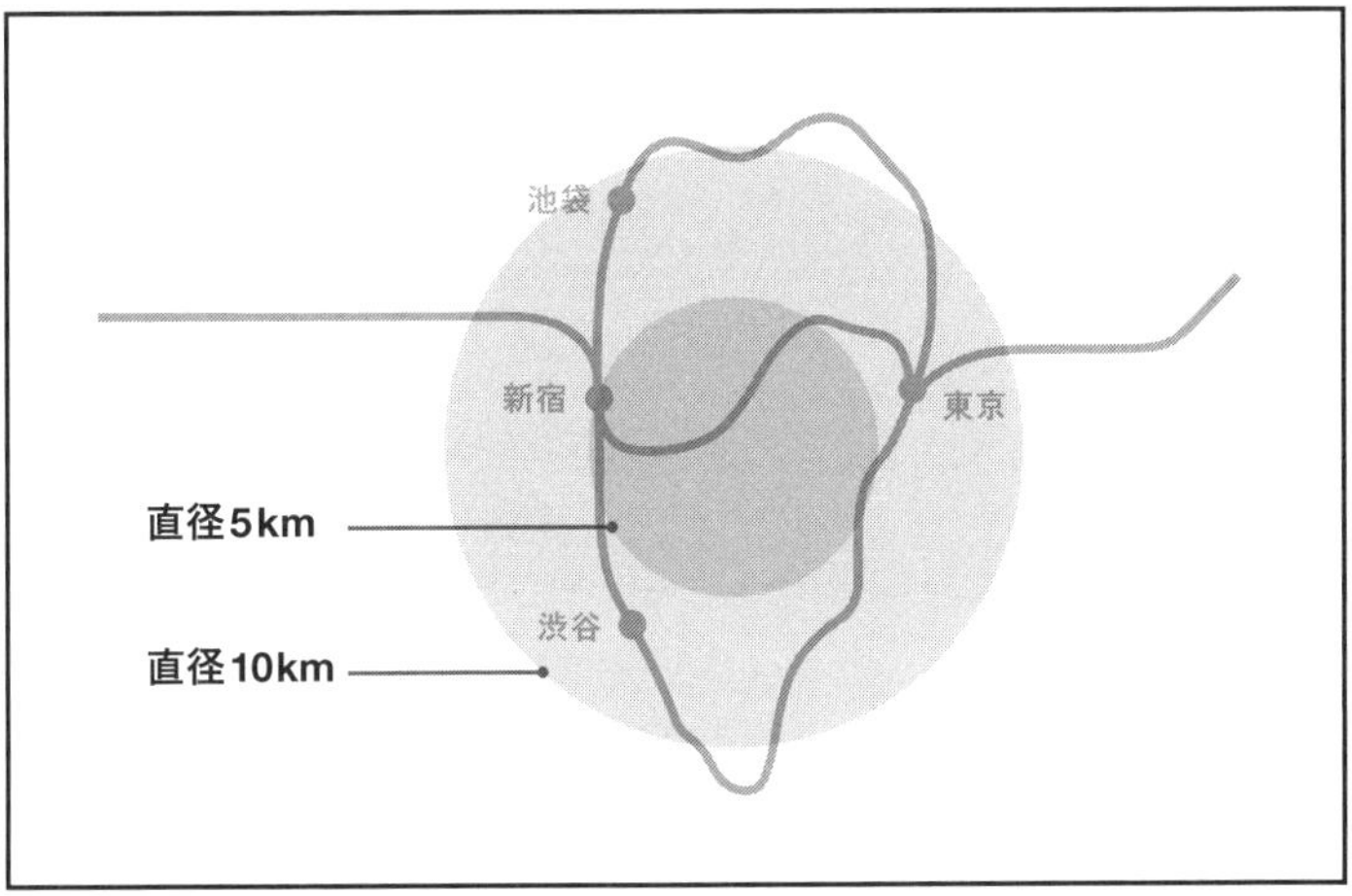


こうすると、**移動自体がほとんど苦にならない**ので、時間がフレキシブルに使えるようになりますし、**移動時間の計算がしやすい**ので、スケジュールのコントロールもしやすくなります。

『年収10倍アップ勉強法』でも、**インターネットへの接続機能を持ったパソコン**を持ち歩くことを推奨していますが、なぜ携帯電話でなくパソコンなのでしょうか。

それは、メールを打つにも、何か情報を検索するにも、パソコンのほうがはるかに速いからです。さらにパソコンが一台あれば、わざわざオフィスに戻ることなく、いろいろな場所で仕事ができるので、移動時間そのものが大きく節約できます。

テレビを情報源としてより効率的に見るには、**HDDレコーダー**を購入するといいでしょう。そうすればCMはカットできますし、必要なところだけ必要な時間に見ることができます。なにも、リアルタイムでテレビの前で見ることはないのです。

よい自転車もパソコンも決して安い買い物ではありません。しかし、この二つがあれば、地下鉄に乗ってもたもたと移動したり、高いタクシーを使って仕事場に帰らないとできないような仕事が、その場でさっとできるようになるのです。また、ナビがあれば、道に迷うムダな時間もありません。その日々の積み重ねは、決して小さくはありません。

どの道具に投資をするかというのは、それぞれの人によって環境が違うので一概には言えませんが、手帳やパソコンなどへの投資は、汎用的に私たちの時間を節約してくれる投資になると私は思っています。

## ［2］体力づくりに投資する

二つめの投資は、体力づくりです。

時間をつくるにも体力は基本です。なぜなら、必要な集中力も、効率的な行動力も、病気になりにくい体も、すべては体力が土台になるからです。

**病気をせずにどれだけ有意義な時間を過ごせるか、そして、どれだけ健康で長生きができるのかによって、一生涯の時間効率が大きく変わる**のは言うまでもありません。

ですから、筋力トレーニングやストレッチ、エアロビクスなどを定期的に行うことは、将来に向けた大きな時間の投資になり、間違いなく使った時間以上に有意義な時間が返ってくるはずです。

とはいえ、運動は勉強と同様、「本来はやりたいことなのに実際にはやらないこと」の筆頭です。自力でやろうと思うとまずできません。

そのため、私は**スポーツクラブ**に入ることをお勧めします。なぜなら、スポーツクラブに入会したら、ふつうの経済感覚があれば、会費がもったいなくて、嫌でも行くようになるからです。

「かかった値段ぐらい回収しなきゃ」と人は思うものです。スポーツクラブに行ってしまえば、筋力トレーニングなりエアロビクスなりをせざるを得なくなります。つまり**スポーツクラブというのは、「スポーツをする時間」を買う**ことなのです。

私はさらに、スポーツクラブに通い続ける仕組みとして、二年前から週二回トレーナーについてもらっています。トレーナーの時間を予約していると、行っても行かなくても、前日キャンセル以降は全部お金がかかるので、どんなに面倒な気分でも、無理やり行くようになります。また、週の決まった時間に予約をとりますので、スポーツクラブに行くこと自体が習慣化します。

トレーナー代が高いと思う人は、毎週同じ曜日のスタジオのクラスに出て友人をつくることで、毎週続ける動機をつくることもできるでしょう。

続けているうちに、ちゃんと体が軽くなってきます。昔は嫌々だったのが、最近は「行く時間だ」というように、楽しい気分で行けるようになってきました。

こうしてスポーツを続けることで、体脂肪率が落ち、筋力がつき、疲れにくくなり、肩こりもなくなります。こうした好循環ができあがるまで、続けられるような仕組みをつくることがポイントなのです。

スポーツクラブの敷居が高い人は、**「最寄りの駅までが坂道で、徒歩で十五分以上かかるところに無理やり住む」**ということもできます（実は私もそうしています）。

これだと、とにかくどこへ行くにも自転車にたくさん乗るか、たくさん歩くようになりますので、嫌でも体力がつくわけです。万歩計を持ち歩くと、こうした効果を実感することもできます。

## ［3］変化に投資する

三つめの投資は、「少し大きなリスクをとって生活を変えてみる」ということです。これを私は「変化への投資」と呼んでいます。

今現在の生活習慣というのは、ある意味本人にとって落ち着いている「いい状態」なので、だからこそそれを続けているわけです。その**リズムを意識的に少し変えてみる**のです。

たとえば、誰でも「朝早く起きて夜早く寝る」のがいいのはわかっている。けれども、どうして夜遅くなってしまうかというと、そのほうが自分にとって快適だからです。

それでは、どこからはじめるべきなのでしょうか。

まず「夜早く寝よう」というのは無理です。それよりは、先に「朝早く起きる」ことからはじめるのです。朝早く起きると、夜は早めに眠くなります。そうすると夜も早く寝ざるを得なくなります。

また、夜に寝ざるを得ない状況をつくるために、寝る前にはあまり食事をとらず、ぬるめのお風呂に入って、ストレッチなどの運動をします。すると、もう起きていられません。

前述した快眠プログラムマットなどを利用してもよいでしょう。そうして朝早く起きると、また夜起きていられなくなります。

このように、生活習慣を変えようと思ったら、行動パターンのトリガー（引き金）になる部分を見つけて、それを変化させるのです。これが変化への投資です。

単純に「早寝早起きをしよう」と決意するのではなく、早寝早起きをするための仕組みを生活習慣の中に取り込んでしまうのです。


さらに、生活習慣の改善の中で、私がどこまでもしつこく勧めたいのは、依存性があるものからの脱却です。**「依存性があるもの」とは、具体的にはテレビ・たばこ・お酒・インターネット・ゲーム・携帯電話などです。**私はこれらを総称して**「時間泥棒」**と呼んでいます。ぜひ一度、こうした時間泥棒に自分が何時間使ってしまっているか、冷静に計算してみてください。飲み会の時間なども含めると、多くの読者の方は、おそらく一日平均三、四時間を時間泥棒に使っているのではないでしょうか。


**テレビ**を例にとると、日本人は平均すると平日に三時間、休日に四時間見ています。

しかしテレビは、時間あたりの情報量が非常に少ないメディアです。

多くの人が見ること、画像でわかりやすく説明をすること、楽しんで見てもらわないといけないこと、広告を収入源にしたビジネスモデルであること――などの制約条件があるため、テレビの一時間あたりの情報量は、とても小さくなっているのです。

10倍RULE⑯〈依存性のあるものはやめる〉

**お酒やたばこ**の弊害については、よく健康面から指摘がありますが、時間管理という面から見ても弊害は小さくありません。

**お酒を飲んだり、たばこを吸ったりする時間が失われるのはもちろんのこと、お酒を飲むことで質のいい睡眠や栄養がとりにくくなり、他の時間にも間接的に害が及びます。**健康を害することは、時間管理の面から見ても最大の敵です。

私も実は五年前までは、お酒を飲んでいましたし、たばこも吸っていました。

ところが、この二つをやめたところ、本当にびっくりするくらい時間が生まれたのです。以前は、仕事をして、家事をして、残りの時間はたばことお酒で終わり、というイメージでした。

ところが、**たばことお酒をやめると、その**

**日一日やることをやり終えたあとでも、しっかりといろいろなことができる時間が残っているの**です。これは、実際に体験しないとわからない衝撃的なできごとでした。

ふだん、時間がないとか、時間投資効率が悪いと嘆く割には、一方でテレビを見てしまうとか、ネットサーフィンするなど、人それぞれの依存性ある習慣があると思いますが、こうした「時間泥棒」を少しでもやめてみると驚くほど時間ができます。

意外なことですが、こうしたことをやめるのは実は簡単です。「行動」をコントロールしてしまえばいいのです。

**テレビ**をだらだら見たくなかったら、テレビのリモコンなどをどこかに隠してしまうか、HDDレコーダーを通してしか地上波を見ることができないようにしてしまいます。

**インターネット**は、メールのチェックと、情報収集に必要なサイトをチェックしたら、あとは閉じてしまうよう習慣化します。ふだん行くサイトで十分な情報が収集できれば、それだけで満足して、だらだらとネットサーフィンをするようなことはなくなります。

**たばこ**のおかげでアイデアがわくという人もいますが、たばこはあくまで、自分の気持ちを落ち着けるための小道具ですから、必ずしもたばこでなくてもいいはずです。

たばこをやめるにも手法があり、それに従えば、実はそれほど難しくありません。アレン・カー著の**『禁煙セラピー』**（ロングセラーズ）は良書です。実は私もこの本を読んで、たばこをやめることができました。

要はたばこの利害を、ちゃんと定量化して把握することです。たばこの利害を、私たちがちゃんとイメージできるようにすればいいのです。自分でイメージできるようになったものについては、コントロールができるようになります。

具体的には、たばこ一本吸うことで、一体どのぐらい健康が損なわれて、それが寿命を何分縮めているのか、健康コストにすると何百万円分にあたるのかと**定量化して数字で把握する**のです。

実際にたばこによる肺疾患で入院している人の体験談を聞くと、これはかなり効くらしいです。肺疾患系というのは本当に苦しいそうです。それは知っているけど、それでもやめられないという人は、目で実際に映像を見ることをお勧めします。ドキュメンタリーなど、実際に映像でちゃんと見て、それでもなおかつ、その一本が何百万円の健康コスト、さらに将来の肺がんとなるリスクを負ってまで吸いたいものなのかを、自分自身に問い直してみるといいでしょう。

もし、すっきりと落ち着きたいのであれば、代替手段としてハーブティーを飲めばいいことです。

たばこは薬物中毒です。薬物というのは、薬物が入ったときに体を正常に保つように、私たちの体をコントロールするものです。たばこを吸うとリラックスするような感じがするのは錯覚です。ふだんリラックスしているのを、無理やりたばこでリラックスさせなくして、たばこを吸ってはじめてリラックスするように、それこそたばこが私たちをコントロールしてしまっているのです。

**たばこをやめるのに意志は必要ありません。必要なのは、たばこに関する正確な知識と、やめるための具体的な手法です。**たばこをやめる手法というのは、前述の『禁煙セラピー』をはじめ、いろんな本が出ていますし、禁煙外来を設けている病院も多数あります。まずは、そういうところへ行くという投資の決心をすればいいことです。

さて、たばことお酒を例に、**「今の時間と将来の時間のトレードオフ」**について考えてみましょう。

たばこを吸うと一分後に気持ちいいけれど、たばこを吸い続けると二十年後にがんになるかもしれません。

また、日本ではお酒については比較的寛容ですが、お酒の飲みすぎもたいへんな危険があります。アルコール依存になると脳が萎縮し、心臓にも大きな負担がかかります。

**10倍RULE⑰〈将来の1時間を大切にする〉**

お酒はつきあい上やめられない、と思っている人も多いでしょう。私もそう思っていました。しかし、ウーロン茶やグレープフルーツジュースを飲みながら、楽しく会話することは問題なくできます。見た目もウーロンハイやグレープフルーツハイを飲んでいる人と変わりません。

二十年後の時間を、今どれだけ明確にイメージできるのか、ということについて個人差がありますが、**多くの人は将来の一時間を現在の一時間より軽く見てしまいます。**これを、「ディスカウント（割引）」と呼びます。

このディスカウントの大きさは人によってかなり異なります。つまり、「十年後の一時間を同じ一時間の重みで考えられる人」と、「十年後の一時間がものすごく小さくなってしまう人」がいます。

この時間に対する重みづけというのは、成功体験によってつくられるものです。三ヶ月、五ヶ月後あるいは二年後によくなるということをやり続けて、本当によくなったという**成功体験のある人は、次も我慢をして、時間の投資ができます。**ところがその成功体験がない人は、三日後どころか今日でないと我慢できないのです。

この能力は、正直、今、想像力が弱い人が一朝一夕に身につけることはできません。しかし、これまで述べてきたような仕組みづくりとそれに従った訓練を繰り返すことによって、誰でも最終的には身につけることができます。

## ［4］知識に投資する

四つめの投資は、「知識の取得への投資」です。

**何か新しいことを始めるときに、「それを導入することによって起こりうる結果」について、知っていると知らないとでは抵抗感が違います。**

したがって、あらかじめ「自分の生活や生活習慣を管理する」ということはどういうことなのかについて、知識を持っておくといいのです。

先ほどご紹介したアレン・カーの『禁煙セラピー』シリーズは、たばこを吸う人も吸わない人も読んだほうがいいと私は思っています。

ほかには「どういう食事が健康にいいのか」という「栄養学」や、「脳の動き方や人間の感覚の仕組み」についての「認知科学」、さらに「どういう行動をすると習慣化できるか」について「行動分析学」の知識を持っておくといいでしょう。

**［栄養学］**
**ハーヴィー・ダイアモンド『ナチュラルダイエット』（ディスカヴァー）**
**幕内秀夫『粗食のすすめ』（新潮社）**
**ジョン・ロビンズ『100歳まで元気に生きる！』（アスペクト）**
**［認知科学］**
**アントニオ・R・ダマシオ『感じる脳』（ダイヤモンド社）**
**ジョージ・エインズリー『誘惑される意志』（NTT出版）**
**［行動分析学］**
**石田淳『「続ける」技術』（フォレスト出版）**
**［依存症］**
**アレン・カー『禁煙セラピー』（ロングセラーズ）**
**アレン・カー『禁酒セラピー』（ロングセラーズ）**

こうしたテーマの本を買って学び、学んだことを意識づけて生活習慣に落とし込んでいきますと、いろいろな知識同士が結びついて「こういうことなのか！」「自分の行動はこうすべきなのだ！」という気づきが出てきます。

### ［5］プロのサービスに投資する

最後の五つめは、「プロのサービスへの投資」です。

これは「たばこをやめるために禁煙外来に行く」あるいは「タクシーに乗る」というように、プロの助けを借りるという方法です。

「プロのサービスに投資する」というのは、ある意味、**自分でできないことを他者の力を使って行うという「究極の投資法」**です。

子育て期の親、特に共働きの家庭にとって大きな問題は、**保育園への送迎や家事**を誰がするのかということです。もちろん、夫婦や家族でなんとかするという方法もありますが、実際にはそれだけでは時間が足りないことがしばしば起きてきます。それに、毎日がいっぱいいっぱいでは、前述したような体力や知識への投資もできなくなってしまいます。

そこで、**家事や保育園の送迎についてはアウトソーシングを検討してみましょう。**民間

**10倍RULE⑱〈プロの手を借りるのは究極の時間投資法〉**

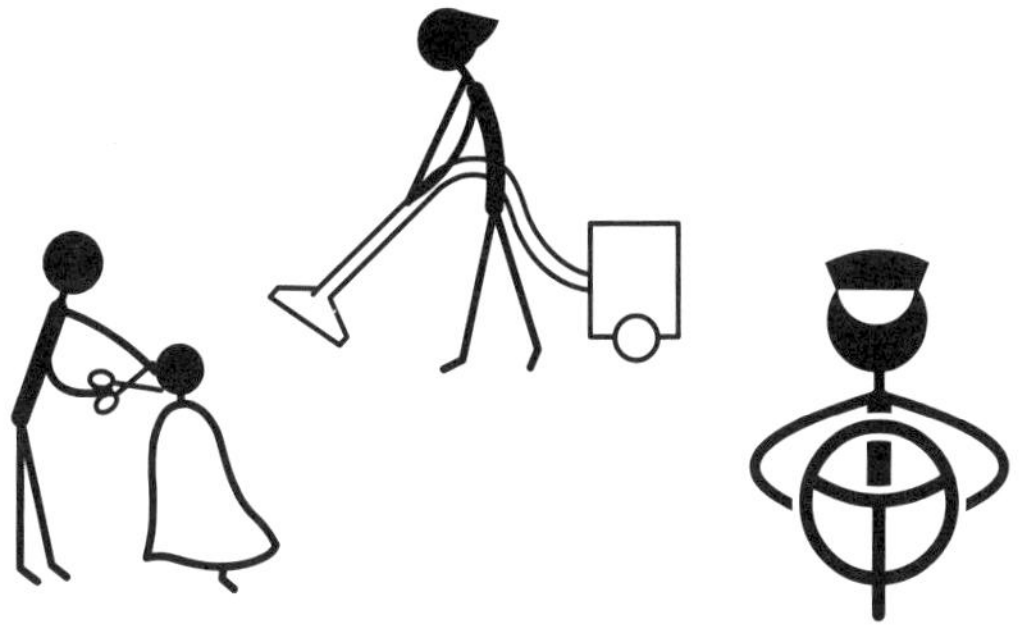

に頼むと一時間あたり一五〇〇～二〇〇〇円になってしまい、若い夫婦がなかなか払える金額ではありません。しかしファミリーサポートやシルバー人材センターのような地域ボランティアを活用すれば時給八〇〇～九〇〇円でお願いすることができます。このくらいの金額でしたら、なんとか捻出できる範囲ではないでしょうか？

　これは女性限定の話になりますが、私は女性が**レーザー脱毛**をするというのは合理的だと思っています。女性は日々、眉毛を抜いたり、手足や顔やわきのムダ毛を手入れしていますが、これも積み重なるとばかにならない時間になります。レーザー脱毛をかけておけば、こうした時間は不要になります。多少痛く、お金も一回一万円くらいかかりますが、そのあと一生分の時間ができます。

ほかには、**まつ毛パーマ**もお勧めです。毎日、ビューラーで上げる手間をかけるくらいでしたら、一ヶ月に一度、一時間かけて上げておけば、あとは手間いらずになります。

男性から見れば、そもそもお化粧をしなければ、こういった投資が不要になるのではないかという疑問もあるかもしれません。しかし、男性にしろ、女性にしろ、なるべくこざっぱりとして、相手の印象をよくするための投資は惜しむべきではないと思います。

美しく装うというのは女性の特権でもあります。それに男性でも女性でも、きれいな人とそうでない人に対するのでは、対応が違います。よく対応してもらうということは、自分のやりたいことがスムーズに運ぶと言うことになります。そうすると、このような身ぎれいにすることへの投資は、決して怠るべきではないということが理解できるでしょう。

## 黄金の時間の原則❷——単位時間あたりの成果に固執する

原則❶では、道具や体力、変化、知識、そしてプロのサポートへの投資を推奨してきました。しかし、たとえば家事を誰かに頼むとしても、その家事をしてくれる人に払う時給よりも、自分の受け取る時給が安かったら、そのような投資はできません。投資できるようになるためには、自分の時給を上げなくてはいけないのです。

### ［1］自分の時給を意識する

時給というのは、「給料を時間で割る」ということです。給料に限らず、**すべての場面において、価格や費用を時間で割る習慣をつける**といいのです。

これが二つめの黄金の時間の原則になります。この原則を意識すると、時間の概念がずいぶん変わってきます。

身近な例として、自分の時給を計算してみてください。**「所得税・地方税・社会保険料控除後の手取り給与」と「会社の支払い金額」**の両方でやってみるとよいでしょう。「会社の支払い金額」は、「額面＋会社が支払う経費や社会保険料＋研修・福利厚生費」として、おおよそ「額面の給料」の五割増し程度と見積もってみてください。

たとえば額面年収が五〇〇万円だとします。所得税、地方税、社会保険料で五〇万円だとすると、手取りは四五〇万円です。年間労働時間が仮に二〇〇〇時間だとすると、あなたの手取り時給は二二五〇円ということになります。

会社側から見てみましょう。あなたに支払っている金額は五〇〇万円の五割増しで約七五〇万円です。年間労働時間で割ると一時間あたり三七五〇円です。会社としては一時間三七五〇円以上の価値を生み出してほしいとあなたに期待していることになります。

## [2] サービスの「一時間あたりの価格」を意識する

自分の時給がイメージできたら、次は自分が投資をするサービスの「一時間あたりの価格」をイメージして比較します。すなわち、「手取り時給>サービス一時間あたりの価格」であれば、そのサービスへの投資がしやすくなります。

一般的なサービスで考えますと、ネイリストやタクシーの場合は、大体「一時間あたりの価格」は六〇〇〇円ぐらいが相場です。そうすると、週に一度、三十分三〇〇〇円のネイルに行くのは許容範囲でしょう。

さらに専門的な職業、たとえば弁護士に相談をすると一時間数万円以上は当たり前です

**10倍RULE ⑲〈「1時間あたりの価格」と「自分の手取り時給」を比較する〉**

$$\text{手取り時給} = \frac{\text{手取り年収}}{\text{年間労働時間}}$$

↕

**1時間あたりのサービスの価格**

し、自由診療の歯医者にかかるとやはり、一時間あたり一万円以上はかかってしまいます。したがって、よほどの緊急要件でない限り頼みにくくなります。

　また、多くの女性が高いと感じているベビーシッターやホームキーピングサービスは一時間あたり一〇〇〇〜二〇〇〇円で提供されているわけですから、実はそれほど高くないことが分かります。

　こうして、**自分の「手取り時給」と、世の中のサービスの「一時間あたりの価格」とを比べると、「どのサービスなら投資することができるのか」の感覚が身についてきます。**

## ［3］労働外時間のコストもしっかりと考える

同じように労働外の時間も、将来の収入や得られるもののバランスから、「時間あたりの成果」を計算するクセをつけます。

たとえば、「飲み会」は、人からよく誘われるものの一つですが、その飲み会に出るとどのような成果が出るのかということを考えないと、単なる時間泥棒になってしまいます。

その飲み会に出席することによって、**「新しい知識や人脈が手に入るのか」、「将来の収入につながるのか」などを考えて、そこで支払う飲み会代と時間とを比較して、出席するかどうかを決めていく**のです。

もちろん、単にリラックスする目的で参加することもあるでしょう。それはそれで必要な場合もありますが、ただ、そのような目的にどこまで自分の時間を割くか、**一定の枠を決めておかないと、時間の浪費や空費が増えてしまいます。**

先ほど計算したように、食事とか飲み会についても、その活動をした結果「飲み会代＋時給」に見合うだけの効果があるのかを考えて取捨選択することをお勧めします。逆に、その投資が収入や無形の資産に結びつくものであれば、タクシーでも、ベビーシッターでも、スポーツクラブでも、英会話学校でも、時間とお金を積極的に使えばいいのです。

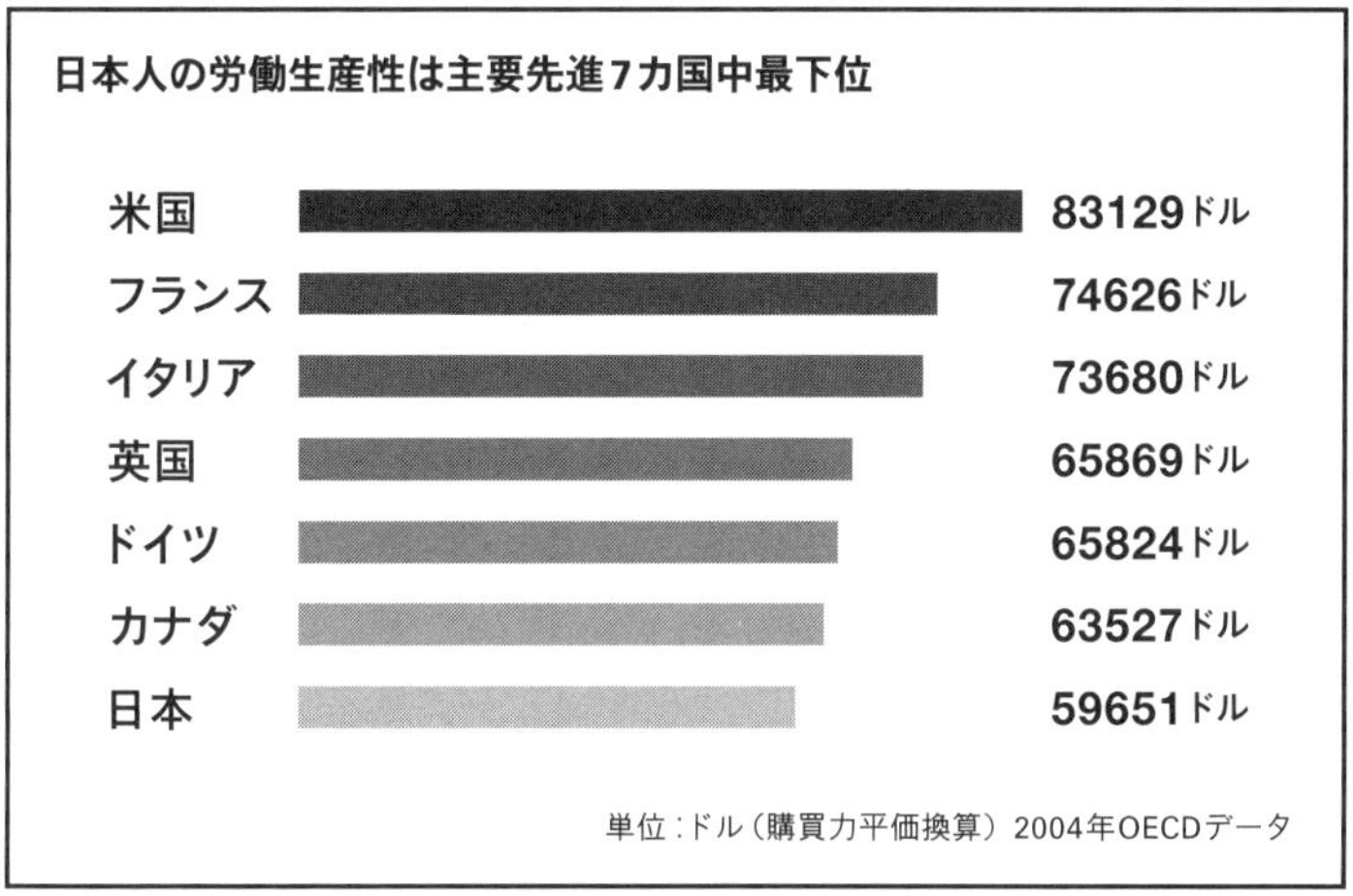


それには、一時間あたり自分がいくら稼げて、このサービスにはいくらの投資が必要で、将来どのくらいのリターンがあるのか、常に計算するクセをつけておくわけです。

たとえば、43ページで計算したように、英語の勉強に一時間使えば、十年後の収入がおよそ二万円増えるわけですから、その範囲内で投資することは合理的です。

## ［4］ワークライフバランスも時給を意識することから始まる

最近、ワークライフバランスということが、企業でも社会でも、求められるようになってきました。それは、あまりにも労働時間が長くなりすぎた結果、本来個人の生活や自己投資に使うべき時間が浸食されてしまっているということを企業も問題に感じているからだと思います。バランスを崩したことのマイナスの影響は実際小さくありません。

私はワーキングマザーとして、子どもの世話をする時間が必須のため、時間あたりの成果に対してすごくシビアにならざるを得ない状況でした。夜に家を空けるためには、子どもの世話を人に頼む必要があるわけですから、その大事な夜の時間にこの人たちと会うことに費やす価値があるのかどうか、自動的に天秤にかけるようになりました。

もし、同じようなクセをワーキングマザー以外の社会人が持っていたなら、現在の日本のように、労働生産性がＯＥＣＤ先進諸国中最低水準なんてことにはならないはずです。

ぜひ、常に「一時間あたりの成果」を常に計算して自分の時間を意味のあることにしか使わないように、そして逆に自分の時間が延ばせるのであれば、積極的にいろいろなサービスに投資するということも心がけてみてください。

## 黄金の時間の原則❸——必要以上に「いい人」にならない

三番目の原則として強調したいのは、**必要以上に「いい人」でいることはコストになる、**ということです。

時間管理がしっかりしている人には、実はそんなに「いい人」はいないことにお気づきでしょうか？　なぜなら、人にいい顔をするということは、自分の時間をどんどんたかられてしまうということだからです。

頼まれごとを断れない人はどんどん他人に利用されてしまうだけではありません。多くの場合、無償で自分の時間を他人に奪われてしまうことになります。

もちろん、必要以上に悪人になる必要はありません。ただ、**自分が使う時間に対して明確な報酬が得られないと判断したときには断る勇気を持とう、**ということです。

よく、成功の定義を「どこまで何かを達成できたか」で測りますが、実際に成功した人たちに「なぜ成功したのか」を聞いてみると、「どこまで、それまでのやり方を変えることができたのか」「どこまで、NOを言えたのか」のほうがより大事だと強調しています。

時間管理についてもそのとおりで、NOを言える回数と比例して、時間の投資は効率的になるのです。

## ［1］頼まれごとを無制限に引き受けない

ここで認識する必要があるのは、**「人間はみんなずるく、利己的である」**ということです。

自分の時間は大事ですから、自分の時間を奪いそうなものは、なんとか人にやってもらおうと押しつけます。そうすると、時間の配分を折衝する際には、駆け引きが生じます。

上司と部下の間もそうですし、チーム内の分担もそうです。

やらなければいけないことの総量が決まっている場合、**「誰が仕事の割り振りのコントロール権を持つのか」、「誰が先に、成果が上がりやすくて、時間が短くてすむ仕事をとっていくのか」という駆け引きが無意識にされている**のです。

私が著書『会社でチャンスをつかむ人が実行している本当のルール』（ディスカヴァー）の冒頭で強調したのは「出世の重要性」でした。これはなぜかというと、立場が強い人ほど、駆け引きにおいて、より優位なポジションをつかむことができるからです。

要は、自分が一番おいしいところをとっていけるわけです。しかも、それを部下に悟られないように行うテクニックはいくらでもあります。必要なのは、コントロール権を持つことなのです。

**一方、コントロール権を持たないまま、「いい人」であることで認められようとすると、**

10倍RULE⑳〈「いい人」はしょせん雑用係〉

**どんどん雑用係になってしまいます。**周りの人は、「この人に雑用を頼めばなんとかなる」というイメージで見るようになるので物事を頼まれるわけです。つまり、本来他人が自分にお金を払うべきものを無償で行っていることも十分にありえるのです。

もちろん、時と場合によっては、自分が不利になることでも引き受けなければいけない場面はありますが、多くの場合は、本来自分の時間を使わなければいけない場面において、その使うべき時間や気力が残りません。

たとえば、職場でラインの仕事ではないスタッフ仕事を引き受けすぎて、ライン本来の売上を稼ぐ仕事がおろそかになってしまうようなケースが典型例です。

**なぜ、頼まれたことを断れないのかというと、頼まれたことで、自分が承認された気になって舞い上がってしまうか、あるいは自己肯定がしっかりしていないため、頼まれたことを断ると相手が自分を嫌うのではないかという疑心暗鬼にかられてしまうからです。**

しかし、人によっては、「だめもと」くらいでものを頼んでいるケースもあるのですから、それを一つ一つOKしていては、どんどん自分の時間を相手に注いでいることになりかねません。

## ［2］誘いを断る勇気を持つ

頼まれごとのほかに、誘いを断れるかどうかもポイントです。

飲み会の誘いから始まって、サークルの誘い、会の誘い、旅行の誘いなど、いろいろなことに誘われるものです。特に、飲み会の誘いは非常に多くて、気づいたら夜は飲み会だらけ、ということにもなりかねません。

**誘いに応じるということは、自分の時間を投資することです。**しかし誘った相手にはリターンが大きくても、自分にとっては意味がないことが往々にしてあります。

飲み会は、「人脈を増やす」とか、「親交を深める」というメリットがあると言われますが、「もし同じ時間を別のことに費やした場合に、どういう効果があるか」とトレードオ

**10倍RULE㉑〈意味がない誘いは断る〉**

フで考えないと、極めて時間効率の悪い人脈の増やし方や親交の深め方を取り続けることになりがちです。

夜の飲み会を、勉強会や互いの紹介を行うランチ・ミーティングに変えてみたらどうなるでしょうか？　お酒が出ないことと、前後の時間が決まっていることから、飲み会に比べて密度が濃いものになる可能性は高いと思います。

誘いを断ることと同様、人を誘うときには、相手の時間を考え、本当に相手を誘ってもいいものなのかどうかを検討する必要があります。**自分の時間を大事にする人たちは自然と、周りの友人関係もそういう人が集まってきます**し、逆に自分の時間を浪費する人には、どんどんそういう人が近づいてきてしまいます。

相手に対して失礼がないように、しかし、

毅然とした態度で誘いを断る習慣をつけることが、互いの時間を大事にするコツなのです。

### ［3］不利な状況を有利な状況に変化させる習慣をつける

人から頼まれたことをそのまま引き受けるのは、自分に責任がないから、ある意味ですごく楽です。依頼を断るのは、相手に気を遣いますし、戦略も必要なので、慣れないと精神的負担もかかります。また、断っても次回また誘ってくれたり、依頼をしてくれるだけの実績や人間的魅力が必要にもなってきます。

それでも、**「いろいろなことを断ることで、はじめて好循環が生まれる」ということは忘れないでください。受け身的に来るものをこなしていると、ずるずると望まない方向に自分の時間や立ち位置が引きずられてしまう**ことになりかねません。

誰でも必ず、自分にとって不利な状況や、明らかにトラブルの種になりそうなことが起きてきます。そのようなときに、いかにその状況を覆して、自分にとって有利な状況に持っていけるかが、自分の時間を有意義に使えるかどうかの鍵になります。

状況を変化させるコツは「不利な状況になりそうなことは自ら断る」ことに尽きるので

**10倍RULE㉒〈「断る」ことから好循環は生まれる〉**

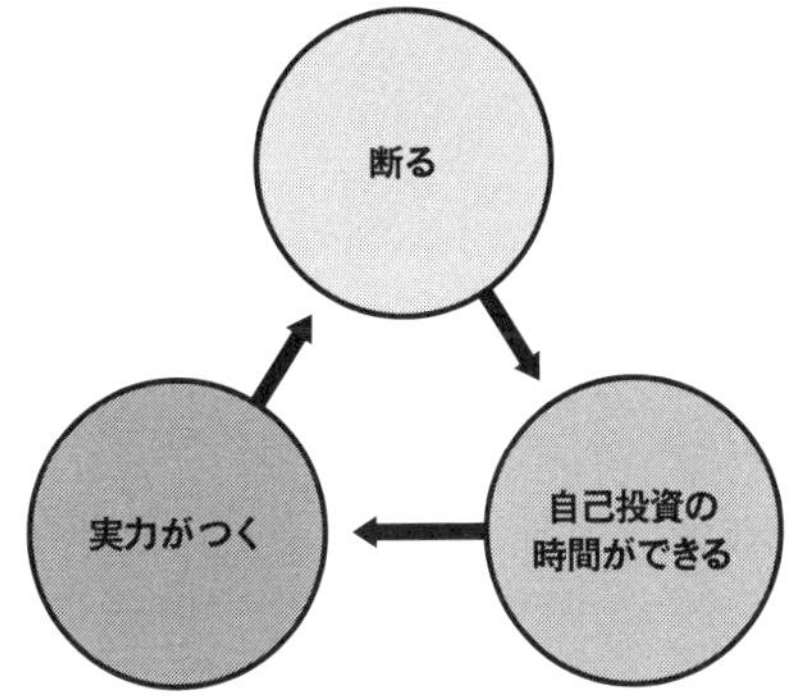


す。**断らない場合でも、依頼内容を自分に有利な方向に変えてから、引き受ける**のです。

気をつけなければならないのは、「いい人」になってしまうと、自己投資ができなくなることです。そうなると悪循環です。結局最後は、自分自身が「いい人であること」に価値を見いだすしかなくなるからです。

不利な状況に毅然と立ち向かうには、周囲の評判を気にしないという覚悟が必要です。「あの人って、ちょっと変わってるよね」とか、「ちょっと冷たいよね」とか、「不親切だよね」とか言われることを、どれだけ気にしないでいられるかがポイントです。とにかく、八方美人にならないこと。そうしないと、時間は無限にあっても足りません。

断るには、他の人よりも高いパフォーマン

スを出していることをアピールし続けなければなりません。断るのにも関わらず、成果で見るとほかの断らない人と同等か、それ以下でしたら、単なる「嫌な人」「わがままな人」になってしまうからです。

「はじめに」でふれましたが、私は「断りの見本文」というものを活用して、いただいている仕事の三分の二以上は、申し訳ないのですがお断りしています。

それはなぜかというと、**すべてを引き受けると、かえって相手に迷惑になる**からです。私が自己投資をする時間が減って書くものの質が下がるでしょうし、自分にとって不得意な分野についてコメントを出しても、使った時間に対して十分な成果は得られません。

繰り返しになりますが、自分のためだけではなく、自分の成果を相手に最大限に受け取ってもらうためにも、断ることが重要なのです。

## 黄金の時間の原則❹――やりたくて、得意で、もうかることを優先する

四番目の原則は、「やりたくて、得意なことで、もうかることを優先する」ということです。これは、頭でわかっていても、意外とやっている人は少ないのではないかと思います。

しかし、原則❸で、いろいろなことを断って生まれた時間は、「やりたくて、得意なことで、もうかること」に投資をすることで有意義に使えます。さらに、その結果生まれた成果を別のところに投資することで、もっと時間を増やすことができます。

### ［1］やりたくて得意なことを優先する

やりたいことをするのが大切なのは、**自分がやりたいことなら、躊躇なくできる**からです。やらなければいけないのに、なかなかできないというのは、要はやりたくないことであることが多いのです。

やりたくて得意なことを優先すると、躊躇なく着手して、成果がスムーズに報酬につながります。さらに、「やりたくないけれどもやらなければいけないこと」について、必要であれば人を雇ったりサービスを購入することで解決できます。

**10倍RULE㉓〈得意なことをするのが一番〉**

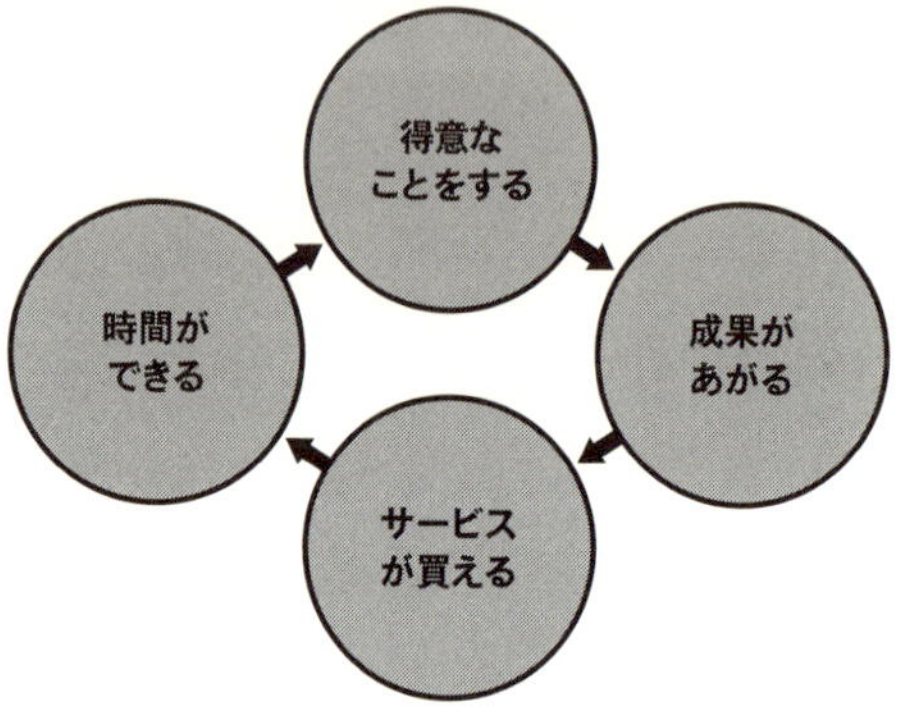


私たちは、資本主義・民主主義の社会にいるわけですから、**もっとも成果を出しやすいところに時間を集中して使って、時給を上げていけば、その時給でサービスを買うことができるようになります。**

目標の時給の目安は、まずは家事代行サービスなどの価格・一時間二〇〇〇円前後と同等の手取り時給になること、そして次のハードルとしては、マッサージやタクシー、ネイルサロンなどの価格一時間六〇〇〇円前後を超える手取り時給になるまで、自分の得意分野を磨いていくわけです。

自分がやりたくないことや得意ではないことをしても、なかなか成果が上がりません。成果が上がらないので、時間ばかり使って、報酬も上がらず、サービスも買えない、という悪循環にはまってしまいます。

自分が何を得意にするのかを選ぶには、自分自身の中期目標や長期目標をつくって、優先順位の高いものを選んでいくというのがよいでしょう。

とはいえ得意だからといって、狭い分野ばかりを掘り下げると、過剰投資になります。いわゆる「専門バカ」や「学習オタク」にならないようにしなければなりません。過剰投資かどうかは、時間あたりの成果と比べることで判断できるでしょう。

たとえば私の場合、得意なことは、自分の考えを文章にまとめたり、抽象的な物事をフレームワークという形でわかりやすく見せることです。

逆に、これ以外のことはあまり得意ではありません。だからこそ、なるべく長い時間をそれに合った仕事に使うようにして、それ以外のこと、たとえば家での掃除や多人数での飲み会のようなものは、やらないようにしているのです。

## ［2］不得意なことはあえてやらない

「不得意なことはやらない」というメリハリも大切です。

私は、裁縫は一切やりません。家にミシンはありますが、自分でやるとイライラするし、時間がかかってしまうので、必要なときには得意な人（自分の母や姉）に頼んでしまいます。

ほかに、私があまり得意ではないことは、人当たりよくあいさつしたり、自分から人脈を広げたり、飲み会の幹事をするなどの人間関係に関することです。一時期は改善しようと試みたのですが、結局ムダだと悟りました。それで今は、一切やらないことにしています。

同じように、仕事についても、得意な分野を決めています。もともと経済や金融、会計が専門ですので、その分野になるべく特化するようにしているのです。育児のコツなどについて取材や執筆依頼を受けることがあるのですが、この場合は、よほど自分が言いたいことがない限り、お断りしています。

とにかく得意なことをやって、それでお金もうけをして、その成果で違う投資をして、また時間をつくるという好循環をやっていればいいわけです。

もちろん、**不得意なことを得意になるまでがんばればいいという考え方もありますが、得意なことに特化して時間を投資したほうが、時間効率はよほどよくなります。**

自分の得意なことがわからないという人は、下記のような本を読んでみてください。

**マーカス・バッキンガム／ドナルド・O・クリフトン**
**『さあ、才能《じぶん》に目覚めよう』日本経済新聞社**

この本に付属しているテストを使えば、三十四種類の強みのうち、あなたは何が強みなのか、あなたは何にわくわくするのかを診断してくれます。そして、その強みを生かす方法についても解説があります。

ちなみに、私は「着想」や「収集」が強みとして出ました。すなわち、新しいことやフレームワークを考えることが好きで、かつ、いろいろなデータや情報を集めるのが好きだということです。逆に人間関係のスキルについては強みは一切出ませんでしたので、今のやり方でいいのかとも思っています。

## 黄金の時間の原則❺——スケジュールはゆったりわがままに設定する

原則の五番目は「スケジュールはゆったりわがままに設定する」です。

**時間管理に慣れていない人にありがちな失敗が、「スケジュールをパンパンに埋めてしまうこと」です。**つまり、予定と予定の間に隙間時間をつくらず、分刻みでたくさんの予定を入れているような場合です。このようなスケジュールは、短期間はうまくいくかもしれませんが、長い目で見ると必ず失敗につながります。

意外かもしれませんが、長期にわたり安定した成果を出している人は、スケジュールがゆるいものです。パンパンなスケジュールで、すごい成果を出し続けている人というのは、聞いたことがありません。

もちろん、分刻みのスケジュールで活躍する人もいます。しかしその場合、自分に投資する余裕がないので、長期間は活躍できません。自分の持っているものを出しつくしてバーンアウトしてしまうので、一発屋になりがちです。

アイドル・デュオのピンクレディーを思い出してください。ピンクレディーの活動期間はわずか四年半、そして絶頂期はたった二年でした。本人が何をしているのかわからないほどの過密スケジュールを周りが組んで、わずか数年で消費しつくされてしまったのです。

サザンオールスターズやユーミン、松田聖子、安室奈美恵などの息の長いアーティストたちは、ゆったりとしたスケジュールでしか楽曲のリリースをしません。彼らは、しっかりと自分に投資しながら、新しい分野を開拓し続けているのです。

## ［1］スケジュールの間に空き時間を十分につくる

まず大事なことは、スケジュールとスケジュールの間に十分な空き時間をつくることです。

私の場合は、一つのスケジュールが終わる時間と、次のスケジュールが始まる時間の間には、移動を含めて必ず一時間以上の空き時間をつくります。三十分だと移動だけで終わってしまいます。

その時間がムダになるのではないかと考える人もいるかもしれませんが、ノートパソコンがあれば、すき間時間は仕事ができますので、その心配はありません。それよりも十分な準備ができないまま次のミーティングに入ったり、ミーティングが長引いたときに次の時間を気にしながら打ち合わせをするほうがよほど非効率です。

**このようにゆったりとスケジュールを組むと、予定はせいぜい一日に三つか四つしか入りません。しかし、それで十分なのです。**

スケジュールに入れることを絞ることは非常に重要です。怠けるために仕事を絞る人は論外ですが、**自分の効率を最大限にするには、得意なことに集中したほうがいいのです。**

一日に仕事がいくつもあると、どれにもエネルギーを十分に注げません。自分がリードしなければならない仕事は、一日に二つ、三つが限界でしょう。それ以上やっても、ただスケジュールをこなすだけになってしまいます。

**集中して働ける時間は一日八時間から十時間です。**その範囲でできることを逆算するのです。それ以上詰めてもしかたがありません。

もう一つ注意が必要なのが、仕事の所要時間を小さく見積もりがちなことです。どうしても私たちは自信過剰で、もっと自分は仕事ができると思ってしまうものです。

しかし実際は、二時間でできると思った仕事は三時間かかるものです。三日で終わると思った仕事は五日かかります。だからこそ、空き時間を準備しないといけないのです。

## ［2］スケジュールは細かいチャンクに分ける

私たちがスケジュールを組むときにもう一つ大切なのは、工程を細かく分けることです。これを、大型のプロジェクトの例を使って説明します。

大きなプロジェクト作業を一度に実行しようとすると、非常に高い確率で失敗が発生す

**10倍RULE㉔〈スケジュールは細かく分けて管理する〉**

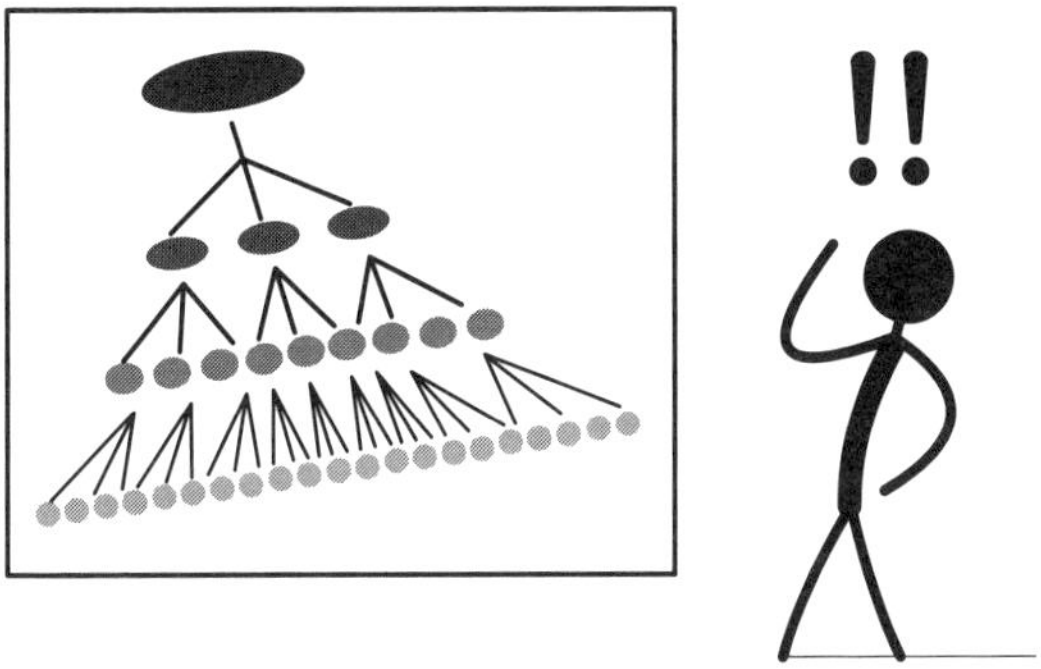

ることがわかっています。実証研究によれば、あるステップ数以上のプログラムを予定したＩＴに関しては、ほぼ一〇〇％に近い確率で納期に遅れるそうです。

なぜかというと、ある一定以上の規模の建築物やプログラムは、細かいスケジュールのずれが積もりに積もって、人為的なミス（＝ヒューマンエラー）の発生する確率が、プロジェクト全体でほぼ一〇〇％になるためです。統計的には、一定以上の大きさがあるプロジェクトは、必ず失敗することになるのです。

だからこそ、プロジェクト管理の手法が発達した現在では、建築物はモジュールという小さな単位に分けて、あとで組み合わせるという方法で、失敗の発生率を減らします。

同じように、**私たちも何か物事を組み立て**

**るのには、なるべく小さなチャンク（まとまり）に分けて、少しずつ仕上げるようにしないといけません。**そうすれば、何かの作業が遅れたときにでも、別の作業に影響することを防ぐことができますし、また、スケジュールの余裕を十分に持っておけば、リカバリーも可能です。

たとえば、私が本を書く場合には、企画、目次づくり、ざくっとした内容の打ち出し、章ごとの執筆、校正などについて、すべてスケジュールを細かく分けて、一つ一つの期日を管理しています。そうすることで、締め切りに合わせたアウトプットが可能になりますし、一つの本が遅れたときでも、他の本にその影響が及ぶことを防ぐことができるわけです。

### ［3］相手の都合にばかり合わせない

これは原則❸の「必要以上に『いい人』にならない」とも関係してきます。スケジュールを腹八分目にするには「いい人」ではいられません。なぜなら「いい人」は相手の都合に合わせてしまうからです。そうすると自分の時間はどんどん奪われて、自分のコントロールできないところでスケジュールが決まってしまいます。

必要なのは、自分で自分の時間をコントロールすることです。

たとえば、あなたが他者とスケジュールを合わせる場合にも、**自分が積極的に提案して、「ここの時間帯、この場所だったらいいですよ」と、指定してしまう**ということが大事です。それで向こうがこちらを生意気だと思ったり、それだったらあなたと仕事をしたくないというのであれば、そういう人とは仕事をしなければいいのです。

あなたと会うことが相手にとって明らかにメリットがある、すなわち、あなたの価値が上がってくると、何も言わなくても相手がスケジュールを合わせてくれるようになります。すると、あなたはますます、スケジュールのコントロールがしやすくなります。時間も節約できますから、その時間を投資に回すことができるわけです。

ここで勘違いしてはいけないのは、**「必要以上に『いい人』にならない」というのは、対人関係において「サーバント」、つまり「奴隷」とか「奉仕」する人にならないということ**であって、「アロガント」すなわち「思いやりのない人」になっていいという意味ではありません。相手にスケジュールを合わせてもらうときにはもちろん、当然という態度をとるのではなく、誠意をもって依頼します。

「思いやり」と「奉仕」を間違えてはいけません。自分の価値の出ない仕事を断ったり、参加しないというのは、相手に対して思いやりがあることなのです。

## 4 黄金の時間を増やすための5つのステップ

ここまで「黄金の時間の5原則」として、次の五つの大切さを強調してきました。

**❶時間をつくるために投資する**
**❷成果を時間で測る習慣をつける**
**❸必要以上に「いい人」でいることをやめる**
**❹やりたくて得意なことを優先する**
**❺腹八分目のスケジュールにする**

ここからは、具体的にどうすれば「黄金の時間の5原則」が実行できるのか、について説明しましょう。

すでに述べたように、新しいスキルを身につけるには「あるべき姿」（つまりここでは「黄金の時間の5原則」がそれにあたります）を学んで、現状とのギャップを認識し、そのギャップを埋める手法を学んで「ステップ分け」して実行していくことがコツです。

そこで、ここからはギャップを埋める手法を学んでいくわけですが、これまでに学んだ「黄金の時間の5原則」の内容が繰り返し出てきます。**長年しみついた生活習慣や行動パターンを変えることに納得していただくために、いろいろな切り口から同じことを繰り返し説明します**が、それは承知しておいてください。

本から新しい手法を学ぶとき、一番困るのは「原理原則は提示されているけれども、どうすればいいのかわからない」ことです。ただ「いい人でいることをやめてください」と原則だけ言われても、「どうやるのですか？」となるのは当然です。

**これまでは「いい人」でいることのメリットが主観的に多かったからこそ、あなたは長年「いい人」でいたわけです。それを変えるには、「どうすれば変えられるのか」、あるいは「本当に変える必要があるのか」について、心から納得する必要があります。**そのためには、同じことをいろいろと切り口を変えながら見ていく必要があるのです。

「5つのステップ」に、順番どおりに取り組んでいけば、あなたにとって意味ある時間が増えていきます。まずは、5ステップの概要を先に説明しましょう。

**ステップ❶――現状の課題を把握する**

「現状」と「目指すべきところ」のギャップがわからないと、まず改善は無理です。解決したい問題は常に、「個別的」かつ「具体的」でないといけません。ここでは「何が自分の課題なのか」を、なるべく細かく、ビビッドな形で書き出します。

**ステップ❷――やらないことを決める**

大切なのは、「やることを増やす」ことではなく、「減らせること」を考えることです。物事がうまくいく秘訣は、「やらないことを決める」ことに、「やりたいことを達成する」ためと同じくらいの労力を費やすことです。あなたの「時間泥棒」を見極め、「やらないこと」を決めてください。

**ステップ❸――人に任せられることを決める**

「どうしても、やらないわけにはいかないこと」で、かつ「自分が不得意なこと」や「やりたくないこと」があるはずです。こうしたことを、「どうやったら自分でやらなくてすむようにできるのか」、「人に任せられるのか」について考えていきます。

**ステップ❹――自分しかできないことを効率化する**

ここではじめて「自分にしかできないこと」と「自分自身でやりたいこと」の効率化に着手します。ステップ❷とステップ❸で、自分の時間をどれだけ増やすことができているかがステップ❹の成果に大きく関わってきます。

## ステップ❺——新しい動き方を統合的に実践する

ここまでのステップで、「自分の時間という貴重な資源の使い方」への考え方が大きく変わってくるはずです。考え方が変わることで、ようやく「新しい動き方」にチャレンジできます。「自分は変わった」と思っても、人はすぐに古い考え方に戻ってしまいがちです。それを防ぐために、手帳などを使い、徐々に「新しい動き方」に自分を慣らしていきます。

**新しい時間管理の手法を取り入れても、なかなか長く続かない原因は、ステップ❶〜❸ができないうちに、ステップ❹〜❺をやろうとするから**です。時間管理法や手帳術の本を読んで「なるほど」と、新しい手帳を購入し、いきなりステップ❹から始める。これがこれまでの時間管理術でした。しかし、私が推奨したいのは、ステップ❶〜❸を着実に実行することです。「時間を空けてはじめて新しいことに取り組める」という考え方です。

以下、具体的に動き方を検証していきましょう。一つ一つはそれほど難しくありません。この本を手にとるくらいの動機があるあなたでしたら、きっとうまくいくはずです。

## ステップ❶――現状の課題を把握する

### すべては「今」を分析することから始まる

「現状を知ることの大事さ」は、いくら強調しても、しすぎることはありません。

私はマッキンゼーのコンサルタント時代、「フレームワークを使って現状を定量的に分析することが問題解決の秘法」だと、上司・先輩から叩き込まれました。

問題解決がうまくいかないのは、現状把握をしないで解決策ばかりに時間を使うからです。だからこそ、マッキンゼーでは、現状把握ができれば、問題は七割方は解決したも同然だと教育されてきたのです。

ここで私が習ったことには二つのキーワードが入っています。一つは**「フレームワークを使って」**、もう一つは**「定量的に」**です。私たちは、「漠然とした大きな事柄」は、うまく実行できません。ですから、漠然と「時間管理を今よりも上手にしたい」と思っても、具体的なアクションにつながらないのです。

まずはフレームワークを使って分解することで「一体何を上手にしたいのか」を個別かつ具体的に把握することが可能になるわけです。

フレームワークで分解された要素には、次には優先順位をつけなければなりません。その優先順位づけにもっとも役立つのが「定量化」です。

この本は問題解決の手法そのものがテーマではないので、ある程度簡略的にしかお話しできませんが、以下、二つのキーワード「フレームワーク」と「定量化」を念頭に置きながら、現状の課題について分析していきましょう。

なお、問題解決そのものの手法をより詳しく知りたいのであれば、以下の本をお薦めします。どちらも、マッキンゼーの元コンサルタントが書いた本です。

**◎齋藤嘉則『問題解決プロフェッショナル「思考と技術」』（ダイヤモンド社）**
**◎渡辺健介『世界一やさしい問題解決の授業』（ダイヤモンド社）**

## 「時間投資マトリックス」からすべてが始まる

ここでは、現状把握のためのフレームワークを「時間投資マトリックス」を使って行います。

縦軸「重要度」と横軸「緊急度」で、四つのボックスをつくって、「目標」としたい時間の使い方と、「現実」の時間の使い方を記入して、ギャップを把握するという方法です。

時間投資マトリックスの内訳

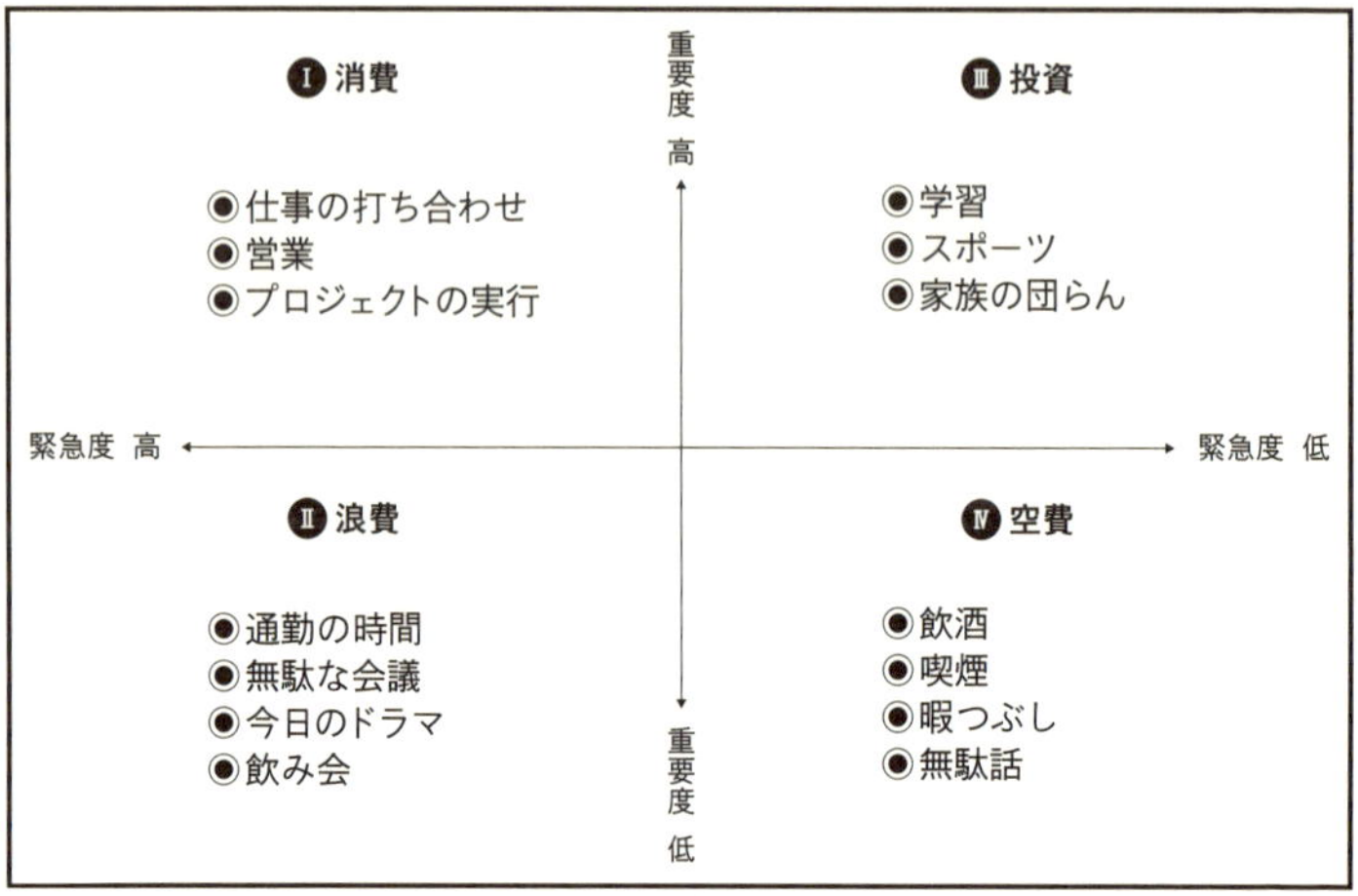


「現実」の時間の使い方は、本当は記録することが望ましいのですが、それが難しければ、大体のパーセントや何時間というイメージでかまいません。大事なことは、フレームに分解するということなのです。

「緊急度」の軸は、「時間的な制約があるかどうか」で決まります。すなわち今日、あるいは明日までにやらなければならないような「明確な締め切り」があるかどうかで分けます。「重要度」の軸は、「その行為によってなんらかの報酬があるかどうか」で決まります。報酬には金銭的なものもありますし、気持ち的な報酬もあります。定量化できればいいのですが、気持ち的な部分は、主観的に自分の人生にとってどうかを考えればよいでしょう。

四つのボックスそれぞれについて、説明していきます。

## Ⅲ 投資の時間（緊急でないが重要）

時間管理の改善の最大のポイントは「緊急でないが重要」なことに使われる時間です。

この時間を私は「Ⅲ投資の時間」と名付けています。

具体的には――、

**◎自己投資のための学習や技術習得**
**◎集中力を高め、健康を維持するためのスポーツや体力づくり**
**◎ワークライフバランスを保ち、人生を充実させるための家族や恋人との団らん**

――などが、この象限に入ります。


こうしたことは、重要ですが、ついつい時間を使わなくなってしまいがちです。

それは、今日スポーツしないと、明日心筋梗塞になるわけではありませんし、今日勉強しないからといって、明日からクビになったり、減給されるわけではないからです。

しかしここに、効果的に時間を投資するかどうかで、このあと説明する「緊急かつ重要」な時間（「Ⅰ消費の時間」と名づけました）の生産性が大きく変わってきてしまうのです。

**時間管理改善のもっとも大切な基本は「Ⅲ投資の時間」をどう確保するのか、ということに尽きる**と言っても過言ではないでしょう。

## Ⅰ 消費の時間（緊急かつ重要）

もっとも重要な「Ⅲ投資の時間」に続いて、次に重要な「Ⅰ消費の時間」を説明します。

ここは「緊急かつ重要」なことに使われる時間です。

具体的には、給料を得るために行う日々の作業が中心です。たとえば——

**◎お客様との仕事での打ち合わせ**
**◎営業訪問**
**◎仕事上のEメールの読み書き**
**◎プロジェクトの実行、予算の作成**

——といった仕事が入ります。ほかには——

**◎集中力を保つために必要な休憩時間**

——などもこの「Ⅰ消費の時間」になります。私たちの生活の基盤になる時間です。

この時間が充実している人ほど、幸福感が高いのです。

## Ⅱ 浪費の時間（緊急だが重要でない）

次は「緊急だが重要でない」時間です。私はここを「Ⅱ浪費の時間」と呼んでいます。時間的な制約は大きいのだけれども、見返りが意外と小さい時間です。

たとえば――、

**◎興味のない仕事のだらだらとしたミーティング**
**◎長い通勤時間や移動時間**
**◎あまり意味があるとは思えないが期限までに提出しなければならない仕事の書類の制作**
**◎ついだらだらと見てしまう決まった曜日のドラマ**
**◎惰性で続く職場での飲み会**

――などが入ります。

締め切りが決まっていたり、どうしても今日行わなければいけない割には（たとえば、通勤は毎日しなければなりません）生産性が低い時間です。

この時間が多いと、「やらされている感」が高まり、幸福感が下がります。

## Ⅳ 空費の時間

最後は「緊急でも重要でもない」ことが入る時間です。ここの時間は「Ⅳ空費の時間」と名づけました。

具体的には――、

**◎家でついついだらだらと行ってしまうネットサーフィン**
**◎休みの午前中の惰眠**
**◎気づいたら五時間もプレイしていたロールプレイングゲーム**
**◎友人や恋人とのだらだらとした中身のないおしゃべり**
**◎家で一人晩酌しているうちに寝込んでしまった時間**

――などです。

たばこを吸う人は、

**◎喫煙している時間**

――もここに入ります。

いくら「時間がない」と思っていても、意外とここには時間を使ってしまっていたりするものです。

## 「時間投資マトリックス」で時間の使い方を振り返る

ぜひ、読者のみなさんも、自分がそれぞれにどれくらいの時間を使ってしまっているのか、イメージしてみてください。

おそらく、一般的な人はまず「Ⅰ消費」に六〇％、「Ⅱ浪費」に二〇％、「Ⅳ空費」に一五％の時間を使っていて、「Ⅲ投資」にはおそらく五％、せいぜい多くても一〇％しか時間を使えていないでしょう。

最初の問題点は、「緊急」という軸で見て合計八〇％の時間を使っていることです。これが毎日、締め切りに追われて気分的に忙しくなる理由です。

緊急なものは、多くの場合、仕事に関わるものです。そうすると「緊急」なことが多くなるほど長時間労働になり、ワークライフバランスが崩れがちになるわけです。

こうなると、「緊急」（「Ⅰ消費」と「Ⅱ浪費」）で気力を使い果たしてしまっているので、残った時間を「Ⅲ投資」に使うことができません。ついつい「Ⅳ空費」に使ってしまって、あとで「あー、無意味なことに時間を使ってしまった」とますます後悔が深まるわけです。さらに「Ⅲ投資」をしていないので、ますます自転車操業になって、緊急な「Ⅰ消費」や「Ⅱ浪費」の時間が増えるという悪循環に陥ってしまいがちです。

一般的な人の時間の使い方

## 時間管理の課題とポイント

ここで、まとめておきましょう。「時間投資マトリックス」から見た、時間管理の課題は以下のようになります。

**◎これまでと同じ成果を出すことを前提に「Ⅰ消費の時間」をどうやって減らすのか**

**◎「Ⅰ消費の時間」に悪影響を与えないように、「Ⅱ浪費の時間」をどうやって減らすのか**

**◎「Ⅲ投資の時間」、およびそこに向かう「気力」をどうやって確保するのか**

**◎「Ⅳ空費の時間」をどうやって減らすのか。特に依存性の高い「お酒」や「たばこ」をどうやって減らすのか**

こうやってまとめてみると、しなければな

らないことが大体わかるのではないでしょうか？　そうなのです。ポイントは左記の二つになるのです。

**ポイント❶「Ⅱ浪費の時間」と「Ⅳ空費の時間」を減らして「Ⅲ投資の時間」を増やす。**
**ポイント❷「Ⅲ投資の時間」を使って「Ⅰ消費の時間」を有効に使う。**

「時間投資マトリックス」は、頭の中で渾然一体となっていた時間の使い方を、このようにすっきりと四つに整理し、かつ、時間の使い方をどうシフトさせるのかを考える、そのアシストをするものなのです。

## 理想の時間配分を考える

では、具体的にどうやって時間をシフトさせるのかを見ていきましょう。まずは、前にお話しした「黄金の時間の5原則」を思い出してください。どうやって「黄金の時間の5原則」を達成していくのかについてはステップ❷以降で詳しくお話ししますので、その前に、「時間投資マトリックス」で、理想的な時間の配分をイメージしてみます。

理想の時間配分――( )内は一般的な人の時間配分

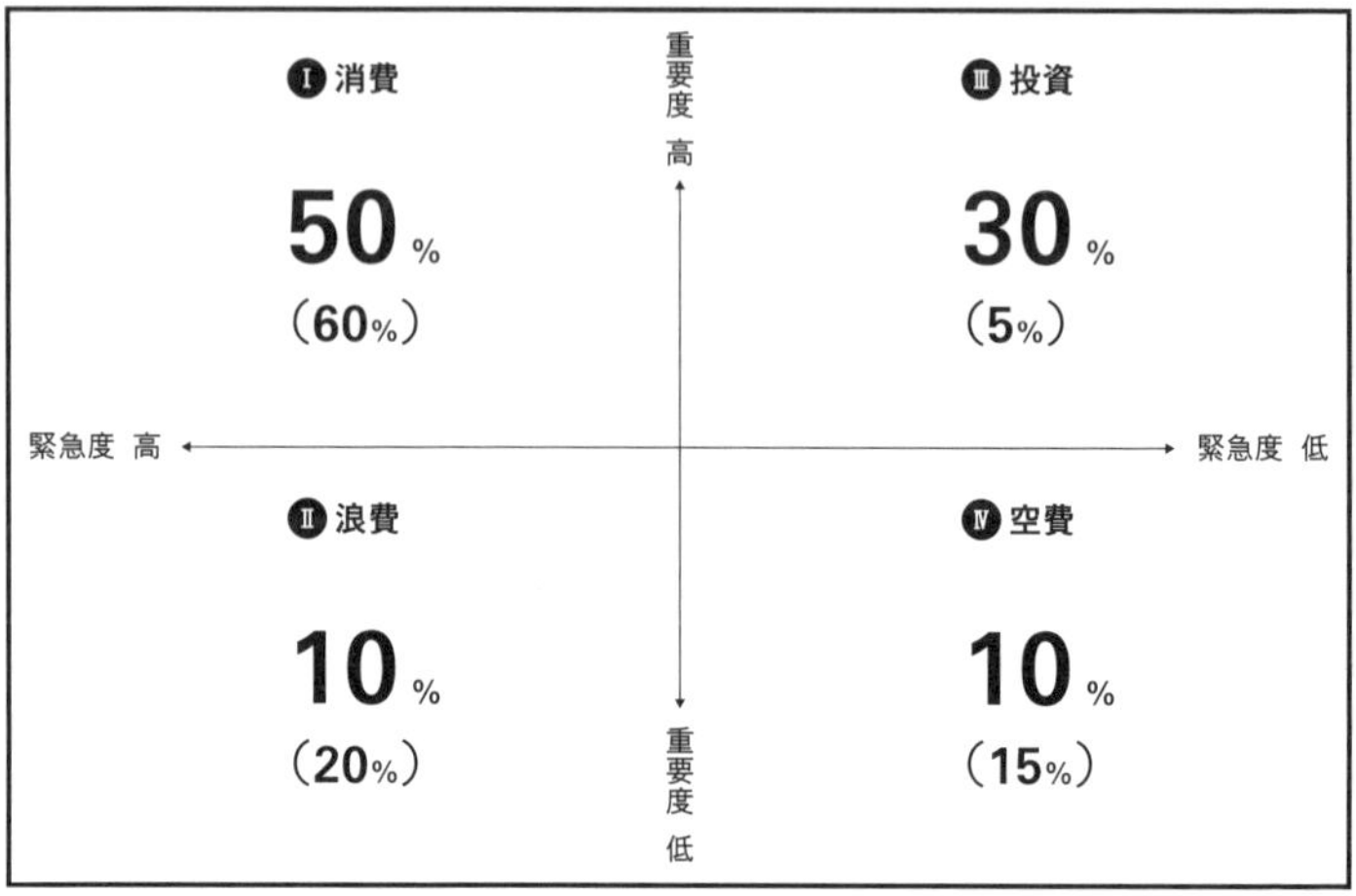


**「Ⅲ投資の時間」は理想的には三〇％ぐらい確保したい**ところです。起きている時間が一日十六時間だとしたら、**一日約五時間弱**です。

　このくらいの投資ができると、「Ⅰ消費の時間」が五〇％、一日八時間ぐらいに抑えられるようになります。これは、「移動時間」や「無意味な会議」などを除いた時間であり、一日に集中できる時間がこれくらいあれば、十分に仕事や学業の成果は上がります。

　逆に、多くの人のように「Ⅰ消費の時間」に六〇％、すなわち一〇時間弱も使っていたとしたら、それは使いすぎかもしれません。だからこそ、長時間労働になるわけです。

　**生産性の低い「Ⅱ浪費の時間」は、できれば一〇％ぐらいに抑えます。**それには通勤時間や移動時間の工夫が必要になりますから、仕事や住環境の見直しも必要になってきます。

**リラックスや余裕分の時間として確保しておきたい「Ⅳ空費の時間」も、同じように一〇%くらいに抑える**ことを目指します。

ワークライフバランスとは、「プライベートの時間を増やすために働く時間を縮めること」のように誤解されがちですが、ここまで見てきたように、**「より余裕がある働き方を自ら工夫して、時間とアウトプットの質を同時に高める」**という考え方です。

上記のような時間の使い方をしますと、「重要：重要でない＝八：二」となります。緊急・緊急でないも、**「緊急：緊急でない＝六：四」**になり、これまでよりもずっと、締め切りに対する精神的な余裕が出ます。このくらいの割合ですと、すごく時間に追いまくられている、というイメージではありません。

このようなパーセンテージが実現できれば、自分の能力も高まっているし、精神的な余裕もあるので、**「Ⅰ消費の時間」を六〇%から五〇%に減らしても、成果にはほとんど影響が出ないか、かえって成果は高くなる**ことでしょう。

そして、原則❸の「いい人でいることをやめる」といった方針が決まれば、**もともとや**

**りたくないことを減らすわけですから、「Ⅱ浪費の時間」を二〇％から一〇％に減らすことは、思っているほどハードルが高いものではない**と思います。それには、ステップ❷以降の具体的なテクニックをぜひ参考にしてみてください。

時間管理をすると、毎日に余裕がなくなる印象がありますが、「Ⅳ空費の時間」は一五％から一〇％程度と少し減るだけですので「すごく余裕がない」という感じではありません。**目指すことは、「Ⅰ消費」「Ⅱ浪費」「Ⅳ空費」からそれぞれ五〜一〇％削減した時間を、「Ⅲ投資」の時間に持っていくことです。**

どうでしょう、なんとなく時間配分を変えたあとのイメージができませんか？　比べると、今の自分の時間の使い方よりも一日が充実している感じがしませんか？　このようなイメージを頭の中につくることが、時間管理の第一歩です。注意をしたいのは、時間はトータルバランスでの管理が必要だということです。

なお、236ページにケーススタディとして、私の「ある夏の1週間のスケジュール」を入れました。これを読んでいただければ、理想的な配分のイメージがよりわかりやすくなると思います。

**よくある失敗が「Ⅲ投資の時間」を増やすことばかりに目が行ってしまうこと**です。それまでの時間バランスを変えずに、体力づくりとダイエットのためにビリーズ・ブート・

キャンプを買ってきて、無理やりスケジュールに押し込もうとするようなことです。

ビリーズ・ブート・キャンプは一日約四十五分。十六時間の活動時間の約五％です。ほかの時間のバランスを変えずに、その五％の時間を捻出するのはどのくらい難しいか。時間の余裕がある人なら別ですが、ふつうの人にとってビリーズ・ブート・キャンプを続けるのがいかに難しいかということがわかります。

## 時間をシフトする

とにかく、やることのトータル時間を増やさないように、全体のバランスの中で足し引きで考える必要があります。そのためのお勧めの方法は「時間のシフト」をすることです。

### 単純なシフトの方法

たとえば、「Ⅱ浪費の時間」に入る「混み合った電車での通勤時間」を、「Ⅲ投資の時間」にシフトすることは、それほど難しくありません。

たとえば――、

**◎時差通勤で空いた時間を選んで本を読むようにする**

**◎電車の中でつま先立ち運動をする**

## ◎オーディオブックを活用する

――などの方法で「Ⅱ浪費の時間」だった通勤時間を「Ⅲ投資の時間」にシフトできます。

すでに実行している人もたくさんいると思います。ただ、可能であれば、住居と職場の距離を縮めて、通勤時間そのものを減らしてしまうほうがより有効な方法でしょう。なぜなら、こういうことをしようと決めても、疲れているときには結局何もしなくて、「Ⅱ浪費の時間」のままになりがちなためです。

## 時間軸を加えたシフトの方法

どんなにがんばっても毎日の活動時間の七〇～八〇％が「Ⅰ消費の時間」の職場もあります。どんなきれいごとを言っても、そうした職場では、時間の配分を上手に行うことはとても難しいのです。

私が二十代の終わりから三十代の前半まで勤めていたコンサルティング会社のマッキンゼーなどはそういった職場の代表例です。

こうした場合には、**将来の時間をイメージすることで時間をシフトする**ことができます。短期的には「Ⅰ消費の時間」ばかりの仕事だとしても、続けることで実力を身につけることができるのであれば、長期的には「Ⅲ投資の時間」と考えることができます。それがもしＹＥＳであれば、三年とか五年と期間を区切って投資をする価値があるわけです。

### 10倍RULE㉕〈時間をシフトする〉

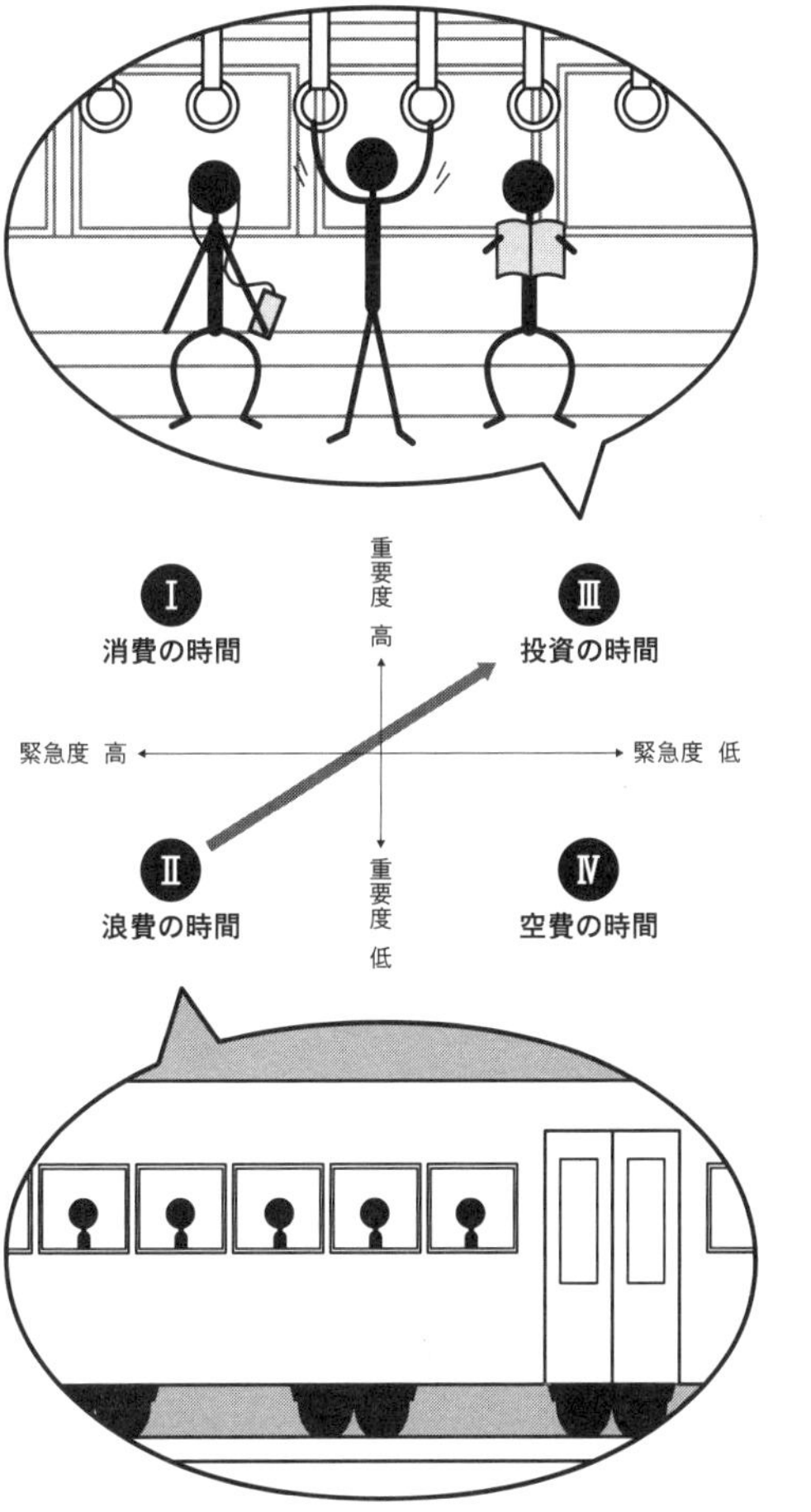

逆に、「Ⅰ消費の時間」が少なくてすむ、ある意味「ゆるい」職場もあるでしょう。そうしたところで働くことは短期的には楽ですが、その分「Ⅲ投資の時間」へのモチベーションが下がり、往々にしてせっかく余った残りの時間は「Ⅳ空費の時間」に行きがちです。

時間管理の話をすると、私の時間の使い方で「本当に毎日が楽しいのですか」と真顔で聞かれることも多いのです。そうした方はたいてい「Ⅳ空費の時間」の重要性、リラックス時間の必要性を主張されます。

しかし、一般的にゆとりやリラックスの時間として考えられている「Ⅳ空費の時間」より「Ⅲ投資の時間」が充実していたほうが、日々の充足感は強くなります。

ふだん、週末以外に「Ⅲ投資」に時間を使うという習慣がないため、その充実感を得にくいのではないでしょうか。実際、会社勤めを辞めて私がもっともうれしかったことは「Ⅲ投資の時間」を中心に生活を組み立てられるようになったことです。

ぜひ、充足感を得られる「Ⅲ投資の時間」をどうすれば増やせるのか、時間投資マトリックスを組み立ててみてください。

## ステップ❷――やらないことを決める

### 時間泥棒を見つけよう

ステップ❶で「時間投資マトリックス」を使って分析することで、「現状の問題点」と「目指すべき姿」が大体イメージできたのではないでしょうか。

次のステップ❷のテーマは「時間泥棒」を見つけることです。

何度言っても言いすぎることはないと思いますので繰り返しますが、**時間管理でもっとも大切なのは「やることを効率化すること」ではなく「やらないことを決めること」**です。

どうしても私たちは、今の自分を正当化します。そのため、新しいことを取り入れるのには積極的になれても「今やっていることをやめる」ことには消極的になりがちです。

しかし**投資対効果を考えた場合、「不必要なことをやめる」というのが、時間を生み出すのに一番効率のよい方法**です。そのためには「Ⅱ浪費の時間」「Ⅳ空費の時間」をどう減らすかが鍵になります。

その減らした分の時間で「Ⅲ投資の時間」を増やせば、「Ⅰ消費の時間」で成果を出すのが早くなってきます。こうすることで全体の時間配分が変わってくるのです。

**10倍RULE㉖〈時間泥棒を追い出す〉**

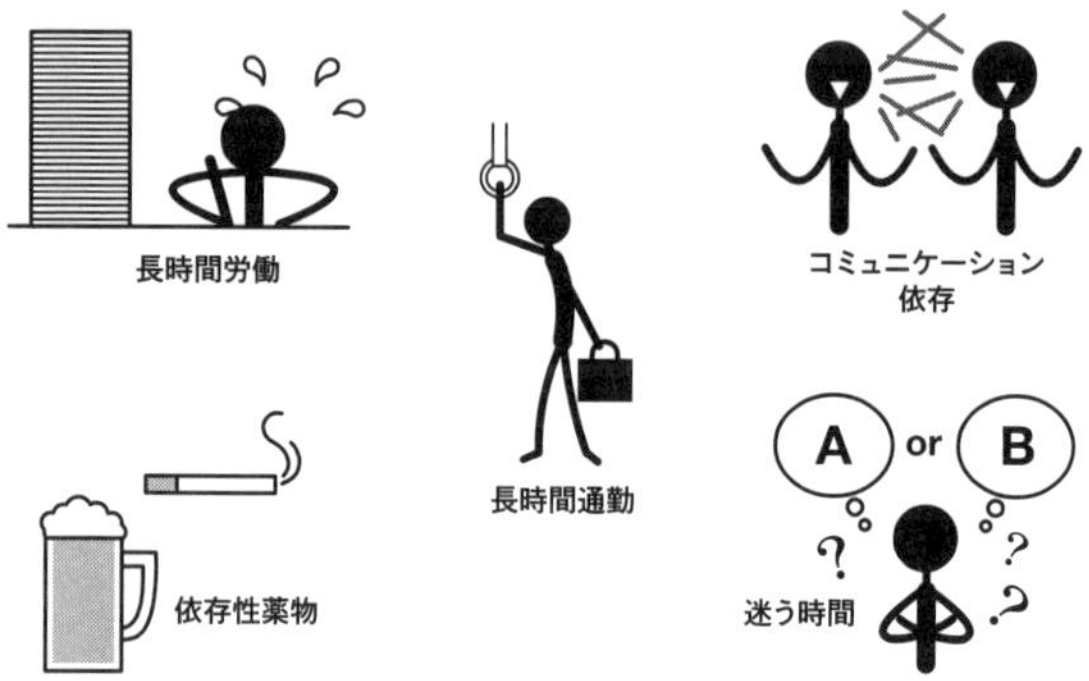


まずは、「Ⅱ浪費の時間」と「Ⅳ空費の時間」で、無意味に時間をとられている「時間泥棒」は何なのかを書き出してみてください。そして「時間泥棒をやめたら、明日から何が困るのか」を自問自答してみてください。多くの場合、ほとんどは困ることはありません。

これから長時間労働、長時間通勤、お酒やたばこなど依存性があるもの、人づきあい、判断できずに迷う時間など、具体的に五つの時間泥棒の事例を見ていきます。それぞれどうやったら自分の時間から追い出せるのか、考えながら読んでみてください。

## 時間泥棒❶――長時間勤務

私たち日本人に共通する「時間泥棒」の筆頭が「無意味に長い勤務時間」です。私たち日本人の労働生産性は、ＯＥＣＤ先進諸国中最低、アメリカの約七割しかないということをまず自覚する必要があります。要は、だらだらと働いているのです。

なぜ、日本人はだらだらと働くのでしょうか。それは、**日本は終身雇用が一般的で人材の流動性が低いため、働かせる側は解雇ができない代わりに、なるべく長時間使い倒してやろうと考えている**からです。そのため、人事評価や昇進のシステムそのものが、長時間労働をする人に有利になるようにできているのです。

こうした長時間労働が一般的になると、労働者にとって「職場＝社会（コミュニティ）」になってしまうため、家に帰ることへのモチベーションが下がって、なおさら、だらだらと職場に居続けてしまうことになります。

私は外資系企業に勤めてきましたが、日本企業の方ともいろいろな機会で仕事上のミーティングを持つことがありました。そのときにつくづく思ったのが、「日本企業の方は、なんと会議に出てくる人数が多いのだろう」ということです。そして、多くの人は一言も発言するわけでもなく、ただ座っています。

少なくとも私が勤めてきた外資系企業では、会議に出るからには、なんらかの貢献を求められました。「人件費を使うのだから、しっかりとした成果を出しなさい」ということです。一つ一つの会議も、時間ぴったりに始まって十五分から三十分で終わります。

日本企業も次第に「長時間労働を解決しなければ生産性は下がる」ということに気づいてきています。さまざまな方法で会議を短縮したり、あるいは業績が悪い事業からは撤退して、無理な仕事をさせないという風潮の企業も増えてきました。人材の流動性も高まってきて、社内でも、あるいは社外でもだんだんと転職をしやすくなってきています。

**長時間労働は、私たちのワークライフバランスを壊し、晩婚化・少子化を加速させ、うつ病を多発させる大きな原因**になっています。

長時間労働をやめるには、まず、**長時間労働をしなくても利益を出せる職場を選ぶ**ことです。そして、職場の次に重要なのは、**上司の選び方**です。

この二つがうまくいってはじめて長時間労働は防ぐことができます。究極的には、出世して労働時間の裁量を持つ立場になるか、独立して事業を行う気概が必要だと思います。

とはいえ、一足飛びにそこまで行くことはできないでしょうから、まずは「長時間勤務をやめよう」という明確な意志を持つようにしましょう。意志があれば、今の職場で改革を試みたり、自分だけでも早く帰れるようなポジションを探したり、場合によっては転職も視野に入れて考えることができます。

大事な時間を、無意味に長い勤務時間に奪われないようにしてください。これは、主に「Ⅱ浪費の時間」への対策になります。

**時間泥棒❷──長時間通勤**

次は、長時間通勤の問題について考えます。通勤時間は「Ⅱ浪費の時間」です。

たしかに長時間通勤の時間を利用して、本を読んだり、オーディオブックを聴くという工夫で「Ⅲ投資の時間」にすることもできます。しかし、**移動しながらの時間はどうしても質が落ちます。**考え方次第ですが、私は長時間通勤は時間効率の観点からできる限り避けたほうがいいと考えています。

問題は、職場に近くなるほど、住宅の価格が高くなる傾向があるということです。特に都市部においては、その傾向は顕著です。すなわち、通勤時間と住居費のトレードオフのバランスをどこでとるかということが課題になります。

私がお勧めしたいのは、**駅から遠かったり、築年数が古いなど、なんらかの理由で安い物件を職場の近くで探す**という方法です。職場に近ければ、タクシーや自転車など、公共交通手段以外を使うことで、駅からの遠さを補うことは可能です。

たとえば、私の自宅は最寄りの駅が三つありますが、どの駅に行くのにも十五分以上かかります。また、建物の築年数も二十年以上です。そのため、山手線内の割に、家賃はそれほど高くありません。同じエリアでも駅前の新築だと二倍から三倍します。

最寄りの駅からは遠くても、東京駅まで五キロちょっと、渋谷にも四キロですから、駅まで十五分歩く代わりに、自転車に乗ってしまえば、すぐに都心部まで着いてしまいます。

左記のような住宅案内サービスに望む条件（家賃、間取り、場所、駅からの距離など）を登録しておけば、条件どおりの物件が出たときに案内が届きます。時間はかかるかもしれませんが、じっくり待てば、希望の物件を見つけることができるでしょう。

**◎CHINTAI新着メール登録先 http://www.chintai.net**

とはいえ、そもそも住居費に大きな投資をしたくないという考え方もあるでしょう。若いうちは払いたくても払えないこともあると思います。また、職場から遠い郊外のほうが、街が子育てに適していたり、気持ちの切り替えができるなどのメリットもあります。長時間通勤が絶対にいけないというわけではありません。

大切なのは、長時間通勤のメリット・デメリットを把握して、バランスが悪いと思ったら、現状を変える必要があるということです。自分でも気づかないうちに、長時間通勤に大事な時間をすごくとられているということがあります。もし条件が許すのなら、職場と家を近づけるように行動を起こしてみるといいと思います。

### 時間泥棒❸――依存性のある行動

長時間通勤や長時間勤務という「時間泥棒」の退治は、自分だけで決められることではなく、勤め先や家族の協力が必要になります。

そこで、次に自分だけで退治できる時間泥棒を紹介します。その時間泥棒とは「依存性のある行動」です。いくつか例をあげてみると――

**◎だらだら見てしまうテレビ**
**◎ついつい飲んでしまうお酒**
**◎なかなかやめられないタバコ**
**◎気がついたらあっという間に時間がたっているネットサーフィンやブログ**
**◎友達との長電話**
**◎気がついたらチャット状態の過剰なEメール**
**◎夢中になったら一日が過ぎているゲーム**

これらの行動の特徴は「依存性」です。これらに依存してしまうのは、これらの行動をしているときには「すごく楽しい」、「とてもリラックスできる」と私たちの気持ちが短期的に勘違いするようにできているためです。

加えて、薬物やコミュニケーションには「中毒性」もあります。

アルコール、ニコチン、カフェインといった薬物は、それがないとリラックスできないように私たちの中枢神経を染めてしまいます。そして、その薬物を取り入れるために、いろいろな行動がコントロールされてしまうのです。

コミュニケーションも同じです。私たちは誰でも「誰かに認めてもらいたい欲求（承認欲求といいます）」があります。そのせいで、Ｅメールを一つもらうだけでも、すごく自分の存在が認められた気分がして、うれしくて、ついつい返事を書いてしまうのです。

なお、Ｅメールについては、最近あまりにも重要性が増していますので、このあと、何度か事例として出てきます。「またか」とは思わずに、どれだけそれが時間の効率化に影響するのかという観点で、その前後の文脈に合わせて読んでいってください。

このような「依存性のある行動」が、時間を確実に奪っていることは、ここで説明するまでもないでしょう。このような行動を制限するには、以下の二つのやり方が有効です。

**❶原因そのものを遠ざけてしまうこと**
**❷制限状態を守ることができる「仕組み」をつくって、それを遵守すること。**

## 薬物依存に対処する

特に薬物依存への対処方法として、「原因そのものを遠ざけてしまう」方法がお勧めです。

要は、**最初から薬物（アルコール、ニチコン、カフェインなど）をまったく摂取しないライフスタイルを確立すればよいのです。**

ここでのポイントは「まったく」摂取しないということです。なぜなら、少しでも摂取すると、薬物は神経に取りついて、次の薬物を摂取するように「せき立てる」ためです。

薬物中毒の怖さについては67ページに詳しく書きましたのでここでは繰り返しませんが、私はお酒・たばこは五年前から、コーヒーは二年前から一切やめてしまいました。

私がお酒をやめたきっかけは、当時体調がすぐれなかったので、知り合いの医師に食事表を持って相談したところ、酒量について指摘されたことでした。

当時、一日にワイン二分の一本程度を常飲していました。「なぜ飲むのか」と聞かれたので、「寝る前の睡眠薬代わり」だと答えたところ、「それだったら足湯で代替できるのではないか、睡眠薬を処方してもいい」とアドバイスを受け、目からウロコが落ちたのです。

**10倍RULE㉗〈禁酒・禁煙で時間効率は数倍UP!〉**

それから「**お酒よりも足湯**」が私のキーワードになりました。晩酌の代わりに、家で足湯をするようになったのです。たしかにリラックスできて、気持ちよく寝られます。お酒を飲んでいないので、眠りも深く寝起きもすっきりします。

**禁酒のマイナスは限りなくゼロ**です。プラスは数え切れないくらいあります。

私がメディアで取り上げられるようになり、ウォール・ストリート・ジャーナルやエイボンから賞をいただいたのが、こうした「依存性薬物」と縁を切ってからなのは、決して偶然ではないと思います（アルコール・ニコチンを一切やめたのが二〇〇二年で、ウォール・ストリート・ジャーナルの賞が二〇〇五年、エイボン女性大賞が二〇〇六年でした）。

**依存性薬物をやめて、毎日の時間効率は数倍は上がりました。**こうした「薬物」を摂取する時間が減っただけではなく、それ以外の時間の生産性が大きく上がったためです。

この体験は、私だけのことではありません。私が主宰する働く女性のためのインターネット・コミュニティ「ムギ畑」でも、アルコール依存についての話し合いがしばしばされています。そして、私のような体験者の話や、専門家の話をきっかけに実際に禁酒や禁煙に踏み切り、健康状態・家族との関係・仕事へのやる気、すべて好転したという報告が相次いでいます。

もともと依存性薬物は、奴隷労働をしている労働者がつらさを忘れるために摂取したり、働く必要がない貴族が暇つぶしのために摂取したのが起源でもあります。私たちは奴隷でも貴族でもないのですから、ぜひ早めにこういった依存性薬物は減らしていきましょう。

## コミュニケーション中毒に対処する

依存性薬物の怖さについては、いろいろなところで目にしていると思いますが、もう一つの依存性のあるもの＝「コミュニケーション中毒」にも気をつける必要があります。

「コミュニケーション中毒」への対処としては、「仕組み」による方法をお勧めします。

私たちは日々コミュニケーションをとらないと生きていけません。しかし、**コミュニケーションに過度の時間をとられるあまり、本来違うところに使えるはずだった時間が奪われてしまうことには注意が必要**でしょう。

具体的には、電話・Eメール・ブログ・SNSなどのやりすぎです。これらを防ぐには、こうしたコミュニケーションツールについて、過度に使いすぎないよう一定のルールを設けることが必須です。

たとえば、私の**携帯電話**は、親しい人の間では「つながらずの携帯電話」として有名です。なぜでしょうか。それは、あえて使っていないためです。

待ち合わせや緊急用には重宝していますが、日常のコミュニケーションには一切使っていません。それは**携帯電話を使っていると、自分で時間をコントロールできない**からです。携帯電話はこちらの都合も考えずに突然勝手にかかってくる、まさしく「時間泥棒」です。

したがって会社の電話も、自宅の電話も携帯電話も、原則すべて留守番電話です。

こちらからかけるのも、よっぽど緊急のときだけです。緊急時以外のコミュニケーションは全部メールです。メールも携帯メールはあまりにも入力の効率が悪いため、パソコンのメールしか使いません。

**10倍RULE㉘〈コミュニケーションもコントロールする〉**

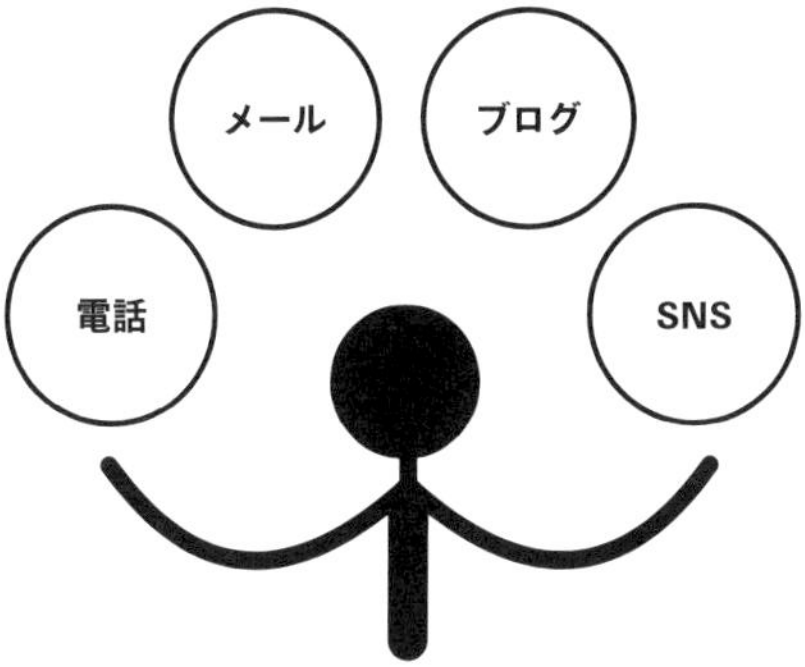


なぜ、自分からの連絡をメールにするのかといえば、電話で相手の時間を奪ってしまうのが失礼だと思っているからです。メールでは難しい込み入った話をする必要があるときは、しっかりと打ち合わせの時間をとって、アポを入れます。あるいは、遠距離のときには互いの時間をすり合わせてテレフォン・カンファレンスにします。

携帯電話は解約したいぐらいなのですが、待ち合わせや緊急連絡に不便だと言われるので、一応持っています。その代わり自衛手段として、二年に一回は電話番号を変えています。そうすると、かかってくる人は、新しい番号を知っている近しい人だけになるので、重要性も判断できます。それに私の知り合いは、私が原則として携帯電話に出ないことを知っていますので、用件があるとメールで連絡をするように習慣化してくれています。

**Eメール**も気をつけないと「時間泥棒」になります。ここでも、時間を泥棒されないコツは、「いい人」でいないことなのです。いい人でいると、メール一つ書くにも、前置きがあって、丁寧に説明して、クロージングをしてと、どうしても文章が長くなります。

そうした前後の装飾を排除して、要件に特化したメールにすれば、時間の節約をすることができます。その場合には「つっけんどんで失礼な人だ」と思われるリスクがあります。すべてはトレードオフなので、そのバランスは自分で判断してください。

私の場合、**メールの返事は短くしますが、その代わり、相手が早く返事が欲しいだろうと思われるときには、なるべく即座に返事を出す**ことにしています。そうすると、多少前後のあいさつが少なくても気にならなくなります。相手にとっての効用は、ていねいな長いメールよりも要領を押さえた早いメールのほうが、特に仕事などでは高いわけです。

Eメールは、少ない人でも一日五〜十通くらいは書くでしょう。私はかなり多いほうで一日四十〜五十通は出しています。いくら短く書いても、一通平均一分以下にはなりませんので、メールの返事を書くだけで一日一時間以上かかっているわけです。メールの本数を減らすのは難しいので、一通あたりの時間を減らすしかありません。

メール対応は四段階で判断する

| | メールの内容 | 対応 |
|---|---|---|
| 0 | 返事の必要がない。<br>返事をしても得られるものがない | 何もしない |
| 1 | 返事が必要で1分以内で書ける | すぐに返事を書く。<br>せいぜい10行程度 |
| 2 | 今日中に返事を出したほうがいい<br>＋少し返事が長くなる | 「返事を出す」フォルダーへ移動<br>＋当日寝るまでに返事を書く |
| 3 | すぐに返事は必要ない<br>＋返事をしておいたほうがいい | 「時間があるときに返事する」フォルダーへ移動＋1週間以内に返事を書く |

「早く返事が欲しいだろうというメールは早く返事を出す」ということを言いましたが、メールの返事については上記の四段階で場合分けをしています。

このような規則をつくっておくと、過剰なメールのやりとりを避けることができますし、また返事を忘れることもありません。とにかくコツは、「ていねいに書くこと」と「さっさと返事をすること」のトレードオフの一番有効なポイントを見つけることです。

**すぐに返事が必要な特定の相手（たとえば恋人、家族、優先順位の高い取引先など）がいる場合は、差出人を特定して、プロバイダーの転送機能で携帯メールに転送しておく**といいでしょう。パソコン・携帯どちらか気づくのが早いほうで返事を打てるようになります。

早く返事をすれば、返事を丁寧に長く書くことと同等か、それ以上の効果を生むことができます。

ネットサーフィンを過剰にしないためのルールづくりとしては、RSS（リッチ・スタイル・サマリー）の利用をお勧めします。あてもなくネットサーフィンをするのではなく、RSSを使って自分にとって有用な情報が更新されているところだけを見るようにするのです。これは、自分専用の新聞の見出しのようなものです。

私はFirefoxというブラウザにSageというRSS用の追加プログラムを使っています。Mixiのような SNSもやりすぎないように、RSSフィードを使って更新内容を見て、必要があるときにだけアクセスするようにしています。

**◎ブラウザ Firefox ダウンロード http://www.mozilla-japan.org/products/firefox/**
**◎Firefox Add-on Sage https://addons.mozilla.org/ja/firefox/addon/77**
**◎Sage mixi拡張 http://mixsage.sizzlingstream.ifdef.jp/**

**ゲーム**にも、中毒性があるので注意してください。

ゲームは、現実世界で実現できないことを、仮想世界で実現してくれる夢のツールです。「Ⅲ投資の時間」で自分を磨くには、効果が出るまで数ヶ月や半年はかかりますが、「Ⅳ空費の時間」でゲームをやると、あっという間にゲームの主人公はスキルも魔法も上達し、どんどんレベルアップできます。ゲームは現実世界では得られないカタルシスをあっという間に得られる道具なのです。

しかし、説明するまでもありませんが、ゲーム会社に勤めているかゲームのプロでもない限り、ゲームがどんなにうまくなっても、「Ⅰ消費の時間」に対してはまったく役立ちません。それどころか、寝不足や肩こりになって、効率が落ちるのがオチです。

そして、**現実世界がうまくいかない代わりに、ますますゲームに没頭してしまうといった悪循環になる**わけです。

「気分転換や暇つぶしにゲームをしたい」というニーズがあるのはわかります。しかし、ゲームをする暇とお金があるのなら、気分転換には、いい本を読む・いい映画を見る・いい音楽を聴くといった時間の使い方が望ましいと思います。RPGをする暇があったら、現実世界の自分のレベルアップにその労力を使えばいいのです。

こうした依存性の時間泥棒を退治することで、特に「Ⅳ空費の時間」を削減できます。

## 時間泥棒❹——意味のない人間関係

次は、人づきあいについて見直しましょう。「いい人でいることをやめる」の具体化です。

たいていの人は、何かの集まりに誘われたとき、特にほかに予定がなければ、誘いを断るのを躊躇します。「断ると次から誘ってもらえないのではないか」と不安になって、行きたくないのに出かけてしまうことも少なくないと思います。

しかし、本当のところ、**飲み会**の一つや二つ断ったとしても、相手はそんなに気にしないものです。あなたがいなくても、会にはほとんど影響ありません。世の中の人は、自分が気にするほどには気にしていないのです。

飲み会とは要は、お酒を飲む口実が欲しいだけです。つまり、先ほど説明した「アルコールへの薬物依存」が飲み会の主たる開催理由なわけです。

不義理をしているのではないかと悩む前に、「Ⅰ消費の時間」や「Ⅲ投資の時間」を充実させて、相手が一緒にいたいと思うような価値ある人間になることのほうが大事です。

これは少し高等テクニックですが、**断っても不義理に見えない方法の一つとして、「忙しい人だと思ってもらう」という方法があります。**そうすると、誘う側も、そういう「忙しい人にとっても価値があるもの」だけに誘うようになります。

人間関係に時間を使うとしたら、ほかにもっとうまいやり方がいくつかあります。

私はたまに**異業種交流会**のスピーカーに呼ばれることがありますが、行くたびに感じるのは「一番得をしているのは主催者だな」ということです。なぜなら、自分の呼びたい人

**10倍RULE㉙〈人脈は自力で広げなくてもいい〉**

をスピーカーとして呼べるし、そのスピーカーを軸に人脈が自己増殖的に増えるからです。

一方、異業種交流会に参加者として出席するのは、よほど自分に合った会でない限り、使った時間ほどの見返りは少ないことが多いと思います。**交流会は、自分で主催するくらいでないと投資効率が悪い**のです。

また、**人脈**は必ずしも自分で広げる必要はありません。なぜなら、人脈づくりが得意な人は意外と多くいます。そういう人が友人に四、五人いれば、自分で人脈をつくらなくてもいいでしょう。**必要なときに、人脈づくりの得意な友人にアクセスすればいい**のです。

インターネットができてから、人脈づくりについては優先順位が変わりました。こちらから誰かにアプローチをしたいと思った場合、たいていインターネットで連絡先がわかりますから、簡単にアプローチすることができるからです。

このようにインターネットが発達した今では、**自分がなんらかの手段で秀でて魅力的になることで、人間関係を構築する時間を減らすことができます。**

たとえば、私は『無理なく続けられる年収10倍アップ勉強法』を出版したことで、私自身が参考にしてきた『非常識な成功法則』の神田昌典さんや、『レバレッジ・リーディング』の本田直之さんと知己になることができました。

このようなキーパーソンと知り合える実力をつけるためにも、意味のないつきあいに時間を使うことをやめて、「Ⅲ投資の時間」を増やしていく必要があります。

### 時間泥棒❺——判断できずに迷う時間

次の時間泥棒「判断できずに迷う時間」は、いろいろなところに潜んでいるものです。

私たちは何かの意思決定をする際に、「まずは問題を定義して、その問題に役に立ちそうな情報を集めて、判断の選択肢を考え、選択肢ごとの長所・短所を見極め、判断を行う」ということを日常的に行っています。

ところが、**時間効率が悪い人は共通して、判断が必要なとき、決定に至るまでの時間が長い**のです。無意味な情報収集をしたり、あるいは情報収集もせずに判断自体を先延ばししているのです。このような「悩む時間」というのは、実は私たちの行動を一つ一つ縛っていて、知らず知らずのうちに「時間泥棒」となってしまうのです。

観察をしていると、判断の遅い人の特徴は以下の二つです。

**❶情報の不足**
**❷お金の不足**

では、何か買い物をするかどうか、悩んでいる場面を例に説明しましょう。

### 情報の不足がもたらす弊害

あるものを買うかどうかの判断をするとき、まずは情報収集をします。そうすると、買わないか、Aの商品を買うのか、Bの商品を買うのか「情報がある程度そろって、これ以上悩んでもよい答えが出ない」という状態になることがよくあります。

結論から言うと、そういうときは、その時点で一番可能性が高い選択肢をさっさと選んでしまえばいいのです。なぜなら、**意思決定をすることで、新しい情報が手に入り、将来の意思決定の質が上がる**からです。ここまでの判断スピードが速くて質が高いほど、時間の節約になります。

ところが、悩む人は、まず情報収集が苦手です。情報、つまり判断材料がないから悩まなければなりません。いくらインターネットが発達したといっても、適切なキーワードを入れないと、必要な情報は出てきません。そもそも、その意志決定に何の情報が必要なのか、わかっていないケースも多いのです。

## お金の不足がもたらす弊害

情報が手に入っても、お金を稼ぐ習慣がない人は、使う習慣もないのがまた問題です。悩んでいる商品が三万円だとします。稼げる人にとっては、万一その商品が外れでムダになったとしても、悩む暇があったら、さっさと買ってしまって、その分、別の時間の投資をして三万円を回収しようと考えます。

一方、お金を惜しむ人は、三万円の価値が高く、もし失ったとしたらそれを取り返すのがたいへんなため、たっぷり悩まないといけません。しかし、悩むことによって時間が奪われてしまうので、さらに稼ぎにくくなってしまうのです。

時間管理が上手な人は、お金の使い方も上手です。一〇万円を超す投資はそれなりに悩むでしょうが、数千～数万円の投資であれば、時給換算すると悩むほうが損だからです。

先日、雑誌の取材の際、興味深い話を聞きました。年収一五〇〇万円以上の人とそれ未満の人へのアンケートの結果、圧倒的に違うのが「自己投資の金額」なのだそうです。

アンケートでは、自己投資金額を一万円から三〇万円以上までの選択肢で調査したのですが、年収一五〇〇万円以上の人のほとんどは三〇万円以上、一方、それ未満の年収の人では、自己投資額三〇万円以上の人は非常に少ないということでした。

この話はまさしく、お金を惜しまない人はより時間やお金を稼げるようになり、惜しむ人はますますお金を使いにくくなるという、好循環と悪循環を表していると思います。


**悩んでいる時間の問題は、何もアウトプットが出ないことです。**判断に失敗して、そのことで学習できることのほうが、悩んで何も得られないよりもましかもしれません。

**十分な情報収集をして、これ以上悩んでも判断がつかないと思ったなら、行動を起こしてしまったほうが、時間投資の観点では効率的**です。

何でもやってみないとわかりません。ソフトだってとりあえず使ってみないとわかりま

10倍RULE㉚〈行動しなければ成果は出ない〉

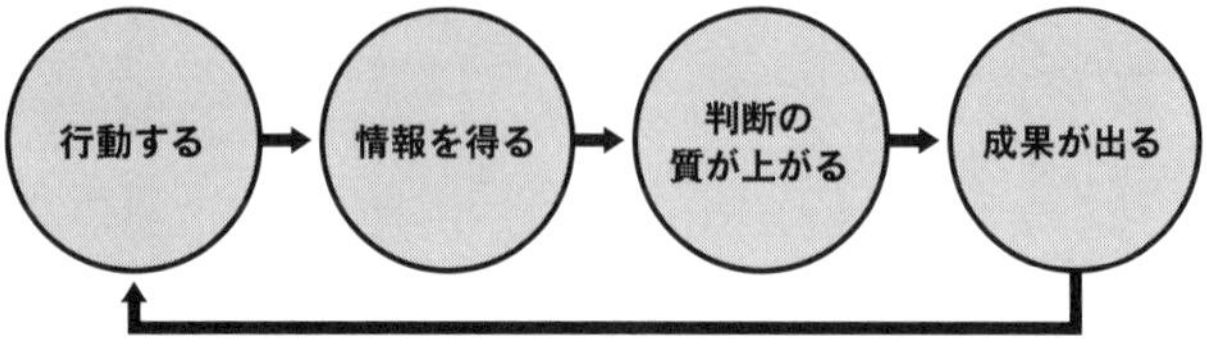


せん。自転車も乗ってみなければ、結局どのメーカーの何がいいなんてわかりません。

もちろん、人によっては迷うのが大好き、迷っている時間が楽しいという人がいると思います。カタログを見るのが趣味とか、旅行のプランを考えるのが趣味といった場合です。しかし、それは「Ⅳ空費の時間」の一部と考えたほうがいいでしょう。

私はよほど高いもの以外、ほとんど電化製品の修理はしません。気に入ったものが壊れると同じものを買います。

最近ですと、体脂肪率や筋肉量のデータをパソコンに吸い上げて管理できるオムロンの体重計のＵＳＢへの通信機能が壊れてしまいました。もう三年間も使っている商品で、実売価格で約一万四〇〇〇円です。修理できるかどうかわかりませんし、保証も切れています。

修理センターに電話をして、箱詰めして先方に送って、修理の結果を待って——などの手続きを考えると、合計で数時間から半日はかかりそうです。修理も無料ではないでしょう。毎日使っているものですから、修理の期間、手元にないことも非常に不便です。

もし私が半日で一万四〇〇〇円以上稼げる自信があるのであれば、もう一台まったく同じものを買えばいいのです。ネットで購入するまで、十分もかかりません。

数日後、その一台が届き、通信機能も問題なく機能して、また毎日体重の記録をつけられるようになり、悩みは解決しました。


また、私はパソコンも自転車も複数持っています。

なぜ自転車を何台も買うかというと、**カタログを見て悩む時間がもったいない**からです。

この場合、いきなり高い自転車を買うのではなく、まずは安いものを購入します。そうすると、「大体これぐらいの価格の自転車なら、このくらいの機能がある」という判断がつくようになります。これは実際に自転車を買って、乗って、体感してみてはじめて得られる知識です。その**判断材料ができたら、少しずつ高いものに買い換えていく**のです。

パソコンソフトも、迷ったら、とりあえず買ってみます。昔と違い、今のソフトは四〇〇〇円ぐらいから、高くてもせいぜい一万数千円ですから、いいものであれば十分に

パソコンソフトもとりあえず買ってみる

回収できます。買ってみてだめだったら、使わなければいいのです。

何かの判断をする際には、不確実な情報の中でリスクをとる必要がありますが、それが「可逆」のものなら、とりあえずやってみればいいのです。とりあえず買ってみて、ソフトがだめならアンインストールすればいいだけです。

まずは、**判断する時間を短縮して、とりあえず試してみる**ことをお勧めします。

私の本やブログを読んだ人から、「そこまできちきちと時間効率や物事の効率ばかりを追いかけてくたびれないのか」「そんなに効率化してしまって、毎日が幸せなのか、楽しいのか」というようなことを指摘されることがあります。

しかし「効率化＝楽しくない、幸せでない」というのは大きな誤解です。より楽しく、幸せな時間を増やすために、判断に迷う時間を減らしていくのです。

「効率化すると楽しくなくなる」というのは、効率化をしない言い訳ではないかと思います。「お酒は飲まないほうがいいことはわかっているけれども、お酒を飲むことにも効用がある」という話と同じ種類の議論です。

効率化が楽しくなさそうに見えるのは、与えられたものを、めいっぱいがんばってこなしていくようなイメージだからではないでしょうか。しかし、**真の効率化とは、自分がしたいことだけを、自分のコントロールのもとで、自分の好きなように行う、ということ**だと思います。効率化することで、余裕も豊かな時間も生まれます。どうでしょう、結構楽しそうだと思いませんか？

## ステップ❸――人に任せられることを決める

### 他者ともっともっと助け合ってみる

ステップ❷では、私たちの生活に不要なものを削減してきました。

ステップ❸では、削減することはできないけれども、プロに協力してもらったり、組織を活用することで、より効率的になるような時間の使い方を見つけてみます。

もともと、私たちの社会は、自分が他の人よりも相対的に得意なことの生産に特化することによって、豊かさを形成してきました。

同じように、時間を考える際にも、**時間を自分の得意なものに特化して使い、それで得られた報酬を元に、他者の時間と交換する**ようにします。私たちが貨幣という形でふつうに行っている交換を、時間という軸で置き直して考えるのです。

たとえば私たちが着ているシャツ一つにしても、綿花を採って、布を織って、染色して、シャツをつくるまでを一人ではできないから、買っているわけです。家事も移動もまったく同じで、すべて自力でしないといけないということはありません。

## プロのアウトソーシングを活用する

アウトソーシングとは、プロの時間を買って、自分でする代わりに何かの作業をやってもらうことです。費用は、一番安いもので一時間千円、高いもので六〇〇〇円から数万円くらいとさまざまですが、ポイントは、どこまでのコストを払えるかという判断です。

はじめのうちは、一時間千円のアウトソーシングだって金銭的にはたいへんです。しかし、自分の得意なことに特化することで「手取り時給」を上げられれば、少しずつ、アウトソーシングできる分野が広がります。

たとえば、共働きの家庭でしたら、**掃除のような比較的頼みやすい家事のアウトソーシングをしてみると、こんなに時間が生まれるのかとびっくりする**はずです。移動手段では、タクシーに乗るほうが効率的な場合は積極的に使えば、やはり時間の余裕が生まれます。

美容院や理容室でまめに髪の毛を切ってもらうことも、その後の手入れのしやすさや、他者に与える印象を考えると、時間とお金の投資としては十分に見合うものです。女性でしたら、レーザー脱毛を活用すれば、日々の手入れの時間を削減することができます。

ふつうに**シャツを買うのと同じ感覚で、いろいろと、プロのサービスを活用してみると、新しい時間の使い方が見えてくる**と思います。

10倍RULE㉛〈人に任せて、時間を有効に使う〉

## 組織に所属していることを活用する

私たちは、たいていなんらかの組織に所属しています。組織というものが、もともと何のためにあるかというと、一人一人が得意なことに集中することによって、組織全体で効率的に付加価値を生み出し、その結果一人で働くよりたくさんの報酬を得るためです。

このように考えると、組織というリソースをどうやって使いきるかということを「時間の効率」という観点から、もっともっと考えてみる必要があります。

一番単純な方法は、**「組織内でどんどん出世する」**ことです。

出世がなぜ時間管理に効率的なのか、それには二つの理由があります。

**❶部下が増えることで、自分の時間を使わなくても成果を出せる場面が増えてくる**
**❷会社のもうけに貢献できる機会が増えることで、自分の手取り給料も多くなる**

❶は直接的に、私たちの時間を増やしてくれます。また❷の結果、手取り時給が上がって、アウトソーシングの選択肢が増えることになります。

出世のために滅私奉公で長時間労働してもしかたありません。上手に時間を確保して「Ⅲ投資の時間」で知識を身につけ、組織に利益が出るように貢献した結果として出世するようにします。出世はあくまで、時間への投資のリターンとして得るもので、それ自体が目的化しては本末転倒です。

## 時間をつくることを「投資」と考える習慣をつける

自分ができる範囲で、**「人に任せる」ということはリターンが高い投資であり、時間を有効に使う方法だということを心の底から実感することが大切**だと思います。

たとえば、いまだ家事のアウトソーシングに抵抗がある人は、男女を問わず少なくないようですが、月に数回掃除を頼めば、掃除の時間が節約できるだけでなく、部屋全体のスペースが広がり気分もよくなります。そうすると、生まれた時間以上に残りの時間も充実します。それがもったいないからと、自分で掃除機をガーガーとかければ、その時間は「Ⅱ浪費の時間」になります。よほど掃除好きな人は別として、ふつうは「せっかくの休みの日なのに、掃除でずいぶん時間を食ってしまったな」と気分が悪くなりますし、「Ⅲ投資の時間」も少なくなってしまいます。

同じように、自分でもできるけれど、自分がやらなくてもいいような作業、たとえばインターネットでの調べ物やデータ分析、セミナー案内状の発送などは、もし自営業であれば、どんどん優秀な学生などのアルバイトを募ってアウトソーシングしてしまいます。

外出したときも、数キロの距離なら、六六〇円でも八二〇円でも払ってタクシーに乗ったほうがいいのです。健康のために歩くのなら別ですが、いちいち地下鉄に乗っていると、タクシーなら十～二十分で行ける場所に、出入り口までの徒歩、階段の昇り降りや電車の待ち時間などで三十～四十分かかってしまいます。

会社からタクシー代が出ないからといって、タクシー代をけちる人が多いですが、その分だけ、有効な時間も減っているのです。

本の立ち読みも同じです。足も疲れますし、中身も頭に入りにくく、あとで読み返すこともできません。悩む時間があったら、さっさと買ったほうがいいと私は思っています。**よほど外れの本でない限り、少なくとも数ページは「なるほど」と思うところがある**はずです。

こうした繰り返し、つまり**「何かに投資をして、時間をつくることによってさらに儲ける」といった好循環をつくらないと、いつまでたっても、低い時給に甘んじることになります。**それで、ますますアウトソーシングしづらくなってしまいます。

## 人に利用されないようにチェックする

もう一つ、人に任せるという観点から、注意点があります。

本来は自分がやるべき仕事を、報酬もなしに人に任せて楽をしようという人種がいます。そういう人は、必ずしも悪人ではないのですが、人の「自己満足」「承認欲求」、あるいは「申し訳なく思うような気持ち」をうまく利用して、さまざまな雑用を押しつけようと虎視眈々とねらっています。

しかし、正当な対価がない限り、自分の大事な時間を相手のために使ってはいけません。**「いい人」でいすぎないほうがいいのです。**そういう人たちに利用されてしまわないように、

**10倍RULE㉜〈人に利用されない〉**

人に押しつけられていないかを、チェックしてください。

たとえば、私は無料の取材については一切引き受けないようにしています。よくあるのが、「本の宣伝をするので、○○について取材に応じてくれませんか」とか、「ウェブで宣伝になるので、無料で連載しませんか」といった話です。

私が連載しているメディアで、一番部数が多いのはおそらく朝日新聞ですが、「宣伝になるからただで書きませんか」などとは言わず、正当な報酬を提示しています。

何事においても、対価が重要なのは、お金が相手への敬意や評価を表すからです。ですから、私たちも何かサービスを受けたときには、相手に気持ちよく対価を支払う習慣をつけていきたいと思います。

## ステップ❹——自分しかできないことを効率化する

### 狭義の時間管理に着手する

ここまでのステップ❶〜❸を実行することで、いろいろと無駄が省けたと思います。

いよいよ、これからのステップ❹で、それでも残った自分しかできないことの効率化に着手しましょう。

ただし、ここで注意してほしいのは、**ステップ❹でできることよりも、ステップ❸までの効果のほうが大きい**ということです。

ステップ❹は一般的な意味での時間の効率化ですが、「時間投資法」の視点から見ると「狭義の効率化」でしかありません。「小手先のテクニック」と言い換えることもできます。

したがって、優先順位はステップ❷やステップ❸のほうがステップ❹よりも高いのです。

ですから、**ステップ❹は、必ずステップ❸までを実行してから、着手してください。**

とはいえ、ステップ❹の技術は、ステップ❸までとは独立して使えますし、成功体験も早期に得られやすいので、技術として一通り説明をしていきます。一般的な時間管理法の本の大半はこのステップ❹に集中していますので、それらを活用してもいいと思います。

このステップでは、ここまであまり深くはふれなかった、以下の七つの項目について、具体的な効率化を検討していきます。

効率化1　手帳を時間管理の起点として活用する
効率化2　健康な生活習慣を身につける
効率化3　他人の力を借りた強制力を利用する
効率化4　住居に柔軟性を持たせる
効率化5　移動時間を見直す
効率化6　自分でしなければならない家事を見直す
効率化7　その他のこまごまとした生活時間を常に見直す

加えて、この七つに共通する「ＩＴ」「知識」という二つの補助手段についても説明していきます。

［効率化を実現するための二つの補助手段］
補助手段1――マニアックなくらいＩＴを活用する
補助手段2――効率化のための知識に興味を持つ

## 効率化1　手帳を時間管理の起点として活用する

手帳は時間管理に必須のアイテムです。なぜなら、手帳は私たちの「時間の使い方」を目に見えるようにしてくれる、もっとも手軽なツールだからです。

残念ながら私たちは、ほんの少ししか意識して記憶することができません。この**貴重な「意識して記憶できる容量」を、「先の予定の記憶」に使ってしまうとワーキング・メモリーが減ってしまって、「現在の行動」の効率が悪くなります。**

だからこそ「先の予定」は、無意識のメモリーだけに入れておいて、手帳に書くことで「意識的な記憶」では忘れてもいいようにするのです。こうした使い勝手がいいからこそ、手帳を使うことは習慣化できている人が多いのです。

問題は多くの人が「とりあえず覚えておかなくても、大丈夫なようにするため」というスケジュール管理以上のことに手帳を使っていないことです。

この本を読んでいる人にはいないと思いますが、もし、まだ手帳を使っていない場合には、すぐに手帳を使うようにしてください。**手帳がなくては、時間管理はほぼ不可能**です。

予定を書かなくても、今週いっぱいぐらいのスケジュールはなんとか覚えられるかもしれませんが、半年なり一年単位では管理できません。

会社のスケジューラーがあるので手帳は使っていないという人もいると思いますが、そ

中長期の目標達成に必要な時間を先に割り振る

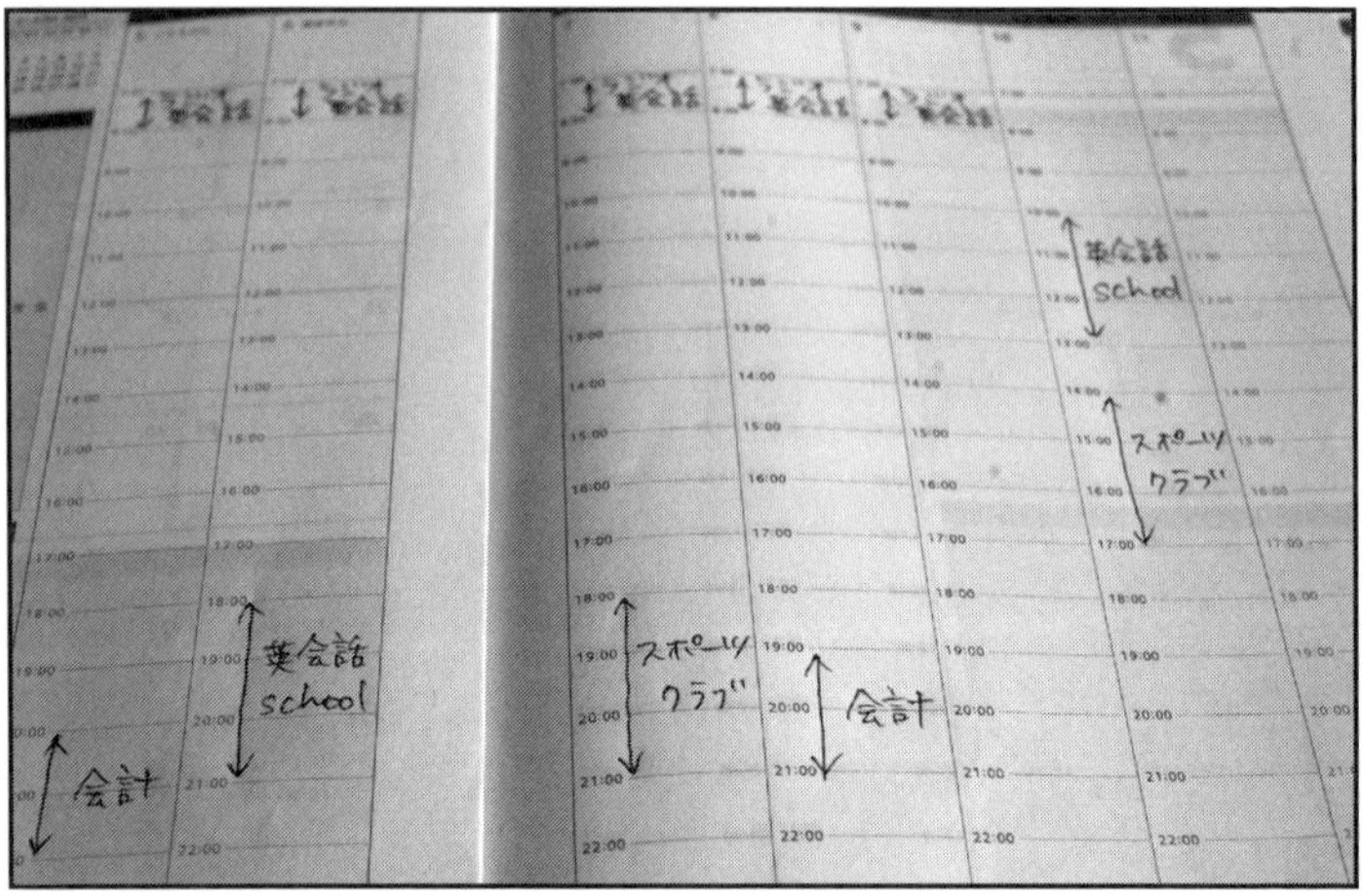


の使い方だと、会社が命じることに従うだけになってしまいがちなので、ぜひ、自分専用の紙の手帳を用意してください。

手帳をつけていても、目の前のアポイントメントだけをひたすら書いてある人も多いのではないでしょうか。目先の一～二週間の予定しか書いていない人は少なくないでしょう。

しかし、単に予定だけを書き込んでいきますと、自分にとっての優先順位がわからなくなりますし、受け身になってしまいます。中長期の予定や目標に対して、今年どこまで達成して、何を達成していないといった進捗管理もできません。

つまり、アポを受動的に手帳に書くだけでは、時間管理とは言えないのです。

お勧めは、**自分の計画に必要なリソースを、半年から一年単位で、先に割り振ってしまうことです。**その**残りの時間で、アポイントメントを引き受けていく、**という手法です。

## 手帳で自発的に時間を確保する

たとえば私の場合、大学のある春学期・秋学期の間の月・火・金曜の午前中と土曜日の午後は、大学院の博士課程の研究にあてるために先にブロックして、ほかの予定は入れないようにします。

また、月曜日の午後と木・金曜日の全日は経済・金融・会計の分析に時間を割り振っています。

さらに、執筆している本や連載については、一ヶ月先くらいまでは予定を組んでいます。スポーツクラブに行くスケジュールも一ヶ月先まで週に二回ずつ、トレーナーの予約を決めてしまいます。

そして、取材など突発的な依頼は、そのようなメインのスケジュールに影響がない範囲で引き受けるのです。だからこそ、無料の取材を受けるような時間の余裕はありません。

読者の方に多いであろう、会社勤めの問題点は、平日の九時〜十八時は企業に拘束されてしまっていることです。しかし、どんな仕事でもある程度の自由度は、意識すれば確保することができるでしょう。

まずは、**先に自分で自分のスケジュールをある程度決めてしまう**ことが効率的です。重要なのは、その**スケジュールに合わないような突発的な仕事を断る技術を身につける**ことです。

ただ、実績や実力のない人が、頼まれた仕事を断ることは非常に難しいことも事実です。したがって、はじめのうちは断りやすいものから徐々に断る訓練をして、それで生み出した時間を「Ⅲ投資の時間」に振り替え、実力をつけながら、徐々に断る範囲を増やしていってください。

## 目標を手帳に書くと実現しやすくなるのはなぜか

手帳に目標を書くと、それが達成しやすくなるといいますが、それはなぜでしょうか。意識と無意識という話で説明します。

私たちが「意識して覚えておけること」が、立っている足の裏くらいの面積としますと、「無意識に蓄積される情報」は十八キロ四方くらいになります。そして、いつもサーチエ

**10倍RULE㉝〈広大な無意識の層に目標を埋め込む〉**

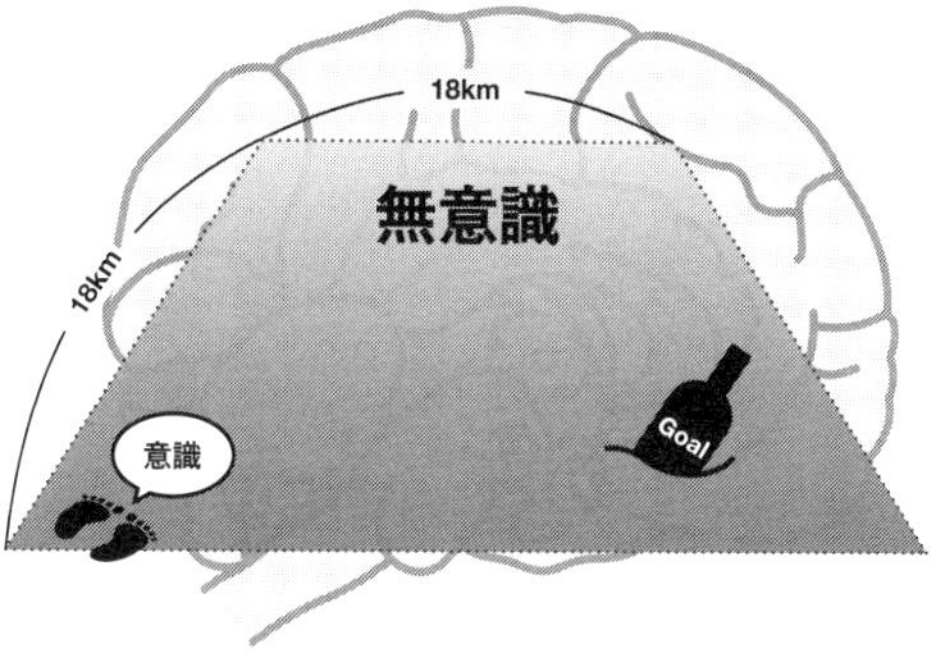


ンジンのようなもので、右脳や左脳に蓄積された情報から、必要なものを必要に応じて引き出すようになっているのです。

意識して覚えておけることはほんの少しですから、人間は忘れっぽいのが当たり前で、大体書いたことも忘れてしまいます。ところが、手帳に書くということは、その膨大な無意識の層の中に目標を埋め込むことになって、それに向かって自然と行動が導かれるようになります。

言い換えれば、手帳に目標を書くということは、無意識の中に眠っている能力や、なんとなくできそうだと考えていることを、意識できる場所に持ってくる方法なのです。

ですから、どう考えても達成が不可能に思えるようなことや、非現実的な努力が必要なことを手帳に書いてもしかたがありません。
目標や予定の役割は、私たちの時間をどのように割り振るかの「指針」にするためにあるのですから。そこに、不可能な目標を書いてしまうと、時間の割り振りもいいかげんになってしまいます。適度な目標を立てて、手帳をコントロールタワーにして、常にその目標をウォッチしながら、行動を微修正していく必要があるわけです。

私は、毎年十二月に次の年の予定を立てるのですが、二〇〇六年の年末に立てた二〇〇七年の予定の一つが、「十万部売れる本を出す」ということでした。そしてもちろん、これを手帳に書き込みました。

**ここで注目してほしいのは、「十万部売れる本を出す」というのは「目標」ではなく「予定」だということです。**

出版する予定の本のテーマと類似書の売れ行きを検討して、どういう差別化をするかを考え、そのために使う時間もきっちり決めました。こうしたことのすべては、最初に予定を手帳に書き込むことから始まったのです。

二〇〇七年はこのほかに雑誌と新聞の連載を合わせて三本行う、ということを計画しておきました。不思議なことですが、二月までの間に、その三本はあっという間に決まってしまったのです。

同じように、収入計画も年初に立てます。企業では、年初に予算を立てて、戦略を決めて、事業計画を立てるのは当たり前のことです。個人でも、同じようにその年の戦略を手帳で立ててから、リソースを割り振って実行していきます。

目標や優先順位があれば、朝起きたときにそれを思い出して、今日は何から始めるか、どんなことをするかが決まるようになります。判断に迷う時間は「時間泥棒」ですが、優先順位がわかっていれば、迷うことなく予定が立てられます。

**目標や予定がはっきりしていない人は、仮の目標でもいいから、立ててしまいましょう。**そして、それに向かって時間を割り振ってみてください。その仮の目標を本目標に昇格させるか、あるいは別の目標に切り替えるかの指針にもなります。

この本の発売に合わせて、『年収10倍アップ手帳』を発売することになりました。この本で説明している方法論が管理しやすいように設計していますので、もし今、お気に入りの手帳がない人は、試してみてはいかがでしょうか？

## 効率化2 健康な生活習慣を身につける

手帳を使うことの次に効果的なことは「健康な生活習慣を確立する」ことです。私たちの時間の効率を悪くすることの一つに、「突発的な事態」があります。突発的な事態が発生すると、生活習慣のルーティンから外れてしまうため、効率は下がり時間は減ります。逆に、効率化したいことは、仕組み化・習慣化して規則正しくできるようにするとよいのです。そうすることで、迷っている時間や準備の時間を少なくできます。

もっとも効果の大きい「習慣化」は「睡眠時間」を含めた健康管理についてです。毎日十分な睡眠をとって、しっかりとした食事をとることが、時間の効率化の基盤です。

たとえば、睡眠については、「毎日七時間は必ず寝る」ことを習慣化します。なぜなら、約七時間の睡眠をとっている人が、もっとも疾患率が低いという統計があるためです。また、睡眠時間は私たちの記憶を整理してくれる時間でもあります。したがって、昼間に無意識に入った大事な情報を、脳が勝手に収納してくれるのです。

さらに、睡眠時間は代謝を促す時間でもあります。睡眠時間の重要性については、もっともっと、一般的に認識されるべきではないかと思っています。

健康な生活を習慣化するためには、睡眠時間七時間をとることを前提に、スケジュールを逆算して組み立てます。そのためにも、身体のリズムを狂わせるお酒やたばこなどの薬物はじゃまになります。特にお酒は睡眠時間の質を悪くします。

**繰り返しますが「お酒・たばこは時間管理の天敵」なのです。**

**食事**については、「メニューに迷ったら肉ではなく魚にする」とか、「野菜・果物・豆類をなるべく食べる」とか、決めておくとよいのです。そうするとメニューを決める時間も減ります。

食事の判断基準を決める上で参考になる研究・分析はいろいろとありますが、多くの分析に共通しているのは結局**「肉類は魚や豆などのタンパク質に比べて寿命を縮める」「野菜・果物は寿命を延ばす」**ということです。ですので、時間管理の上でも、健康管理の上でも**「迷ったら魚、迷ったら野菜」**というように行動指針を決めておきます。

このように自分の判断基準や行動規範は、自己流で勝手に決めるのではなく、学術上わかっていることなど、専門家による指針をもとに決めていくわけです。

効率的な時間管理と健康管理の基本は「早寝・早起き・朝ごはん」です。「早寝・早起き・朝ごはん」を実行している子どもとそうでない子どもには「気力・体力・知力」において有意な差があるとして、とうとう二〇〇六年からは文科省も認める国民運動になっています。

「早寝・早起き・朝ごはん」は子どもだけでなく、もちろん大人にも有効です。私は二〇〇二年に教育者の田村哲夫先生の講演ではじめて標語として聞きましたが、田村先生のお話では、早寝は朝ごはんを食べるために必要だということです。なぜなら、朝ごはんの有無で、頭の一日の活動内容が変わるからということでした。

子どもも大人も、朝ごはんを犠牲にすると、そのあとの一日が犠牲になり、その結果将来も犠牲になります。朝、バナナ一本に牛乳一杯でも食べるようにするといいのです。とはいえ、私たちは忙しいので、バナナを定期的に買っておくのもたいへんです。

私の家はインターネットで注文できる食材宅配のOisixで、週に一度、バナナが届くようにセット注文しているので、毎週金曜日には必ずバナナが届きます。火曜日には生協の宅配でも届くので、バナナスタンドにいつも、新鮮なバナナがつるされています。

バナナはすぐに傷んでしまうので、バナナスタンドに立てておく必要があります。バナナをつるしておくことが、時間管理につながるのです。

**◎有機野菜などの食材宅配Oisix（おいしっくす）http://www.oisix.com/t**

**◎高田明和『「快眠」セラピー』（光文社）**

**バナナスタンド**

**早ね早おき朝ごはん コミュニティサイト**

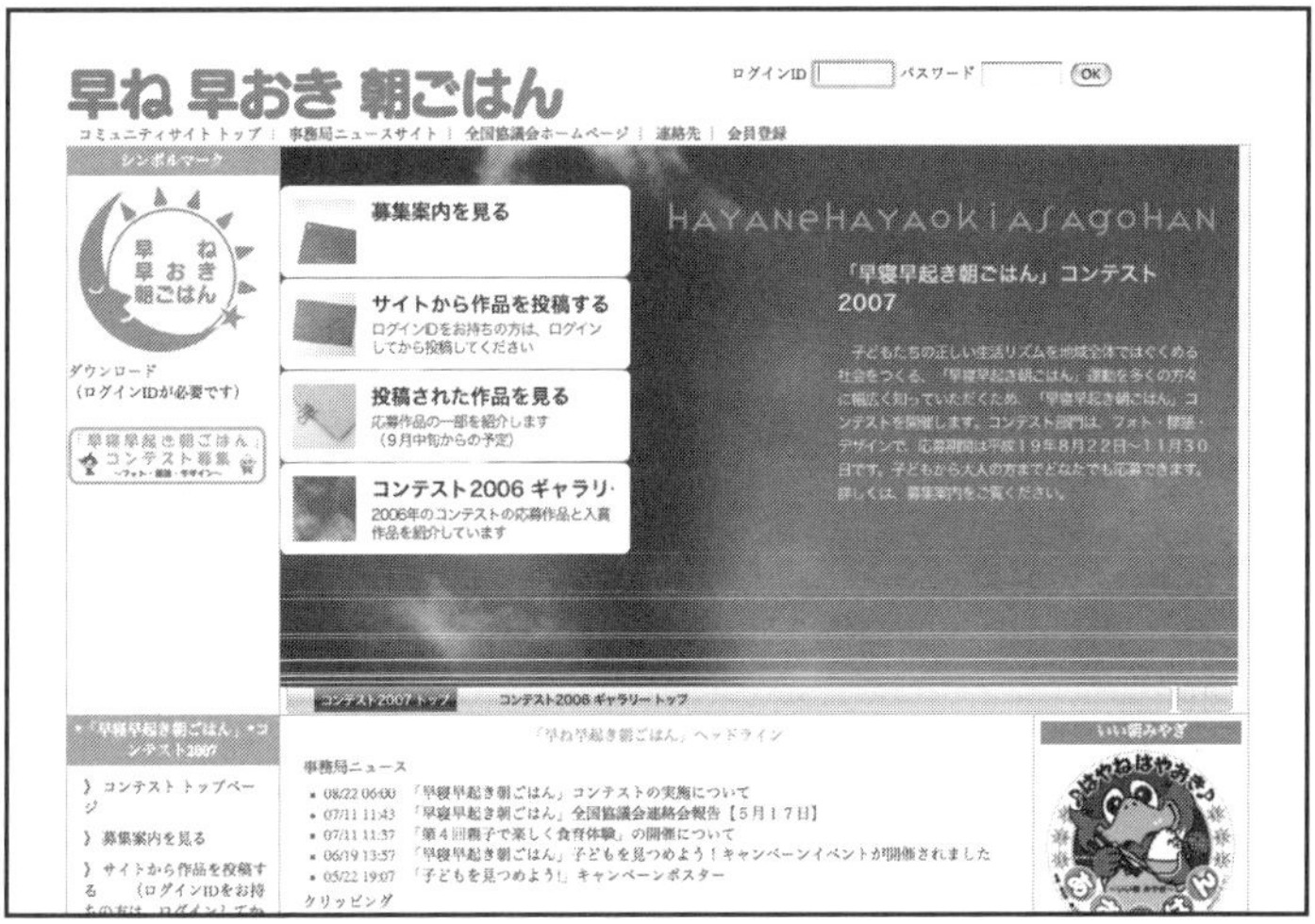

## 効率化3 他人の力を借りた強制力を利用する

生活習慣を整えようとしても、ついつい夜更かしをしてしまうなど「わかっているけれどもなかなかできない」ということが多いと思います。そのような場合は、自分一人でやらずに、他人に「強制してもらう」といいのです。

たとえば、先ほどのバナナの話のように、コンビニやスーパーに寄ってバナナを週に二回買い続けるのはたいへんでも、ネットを使って食材宅配で定期的に届くようにセットしてしまえば、私が発注を取り消さない限り、毎週バナナが届きます。これも、他人にバナナを食べることを強制してもらう仕組みの一つだとも言えます。

多くの人にとっては、通勤が生活のリズムをつくるいい強制力になっていると思います。会社勤めのいい点は、生活が規則正しくなることです。朝は定時までに必ず出社しますし、夜は帰らないといけません。

私も、会社員を辞めると生活リズムが乱れるのではと心配していましたが、子どもの朝食やお弁当づくりなどで決まった時間に起きなければならないため、その心配はありませんでした。子どもがいる家庭は、子どもの学校の準備が強制力になって、必ず早起きになります。

また私は、執筆作業については、気がゆるむとどうしても延び延びになってしまうため、締め切りがある連載はもちろんのこと、単行本の書き下ろしについても、週に一度ずつ、編集担当者にできあがったところまでを送るようにしています。そうすることで、「時間があるときにやろう」と気がゆるむことを避けます。

さらに、早起きをするための仕組みとして、「スケジュールはなるべく朝一番から入れる」ということも実行しています。そうすると、もしスケジュールが入っていなかったら、だらだら過ごしてしまったかもしれない午前の早い時間帯も、有意義な時間に変わります。

もし自分に苦手なことがあって、**なかなか一人だと流されてできないことについては、他人との約束をしてしまって、コミットメントをつくって、そこから作業予定を逆算していく**というふうにすると、無理やりでも、できるようになります。

いろいろな形で、自分以外の強制力を借りることで、規則正しい生活を送ることができるのです。

10倍RULE㉞〈住む場所は柔軟に見直す〉

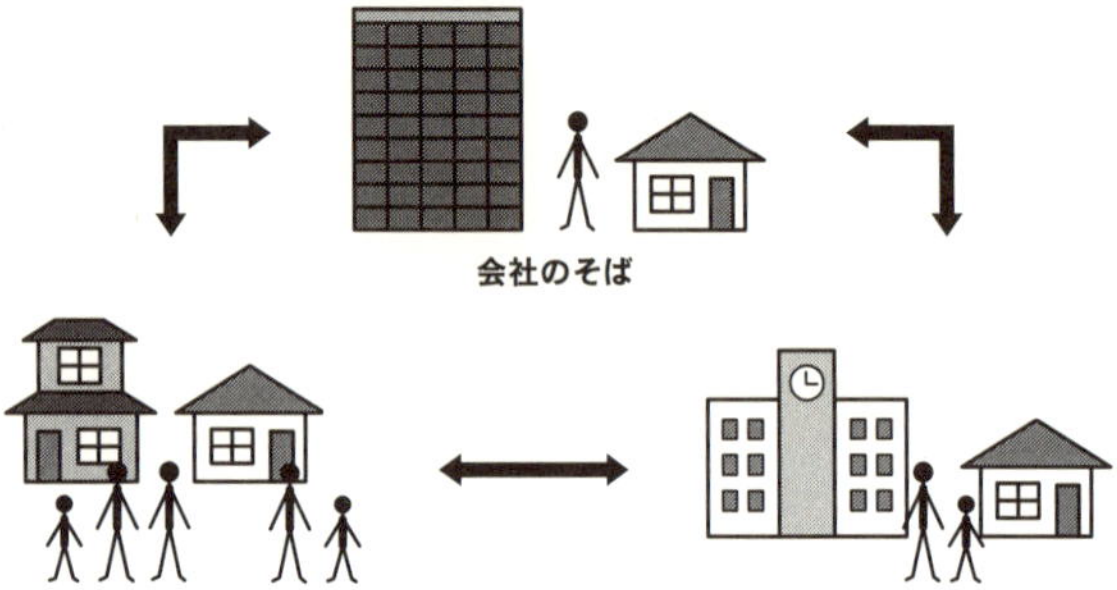


## 効率化4 住居に柔軟性を持たせる

ステップ❷で、時間泥棒である「長時間勤務」対策として、職場の近くに住むことを推奨していますが、もう少し大きな時間管理の点から、住まいについて考えてみましょう。

まず、時間管理をもっとも効率化するためには、家は、できれば買わずに、賃貸にしたほうがいいと考えます。なぜなら、職場や子どもの学校など、時期によってベストな場所は変わるからです。もちろん、一度買って買い換えることも可能ですが、売買コストを考えると、賃貸のほうが機動性が高くなります。

もし、老後の心配があるのなら、ローンを払う代わりに、その分のお金を投資に回して金融資産を蓄えることでリスクに備えることができます。特に、最近は世帯数が増えないため、住宅・土地の値段が上がりにくくなっています。住宅投資はよりリスクが大きくなっていることに気をつけてください。

住宅ローンは、一見月々の支払いは安いのですが、ボーナス払いがすごく大きくなっていることが多いのです。ボーナス払いが年に一〇〇万円だとします。そのボーナス払い分で、投資信託でも買っておけば、二十年で元本だけで二〇〇〇万円、利息も含めると二五〇〇～三〇〇〇万円以上になります。すると、老後に二〇万円の家賃のところに住んだとして十年分以上になります。

もちろんベストな場所が見つかって、この先十五年間から二十年もそれが変わらないのであれば、購入しても問題がありません。ただ、通常、転勤や転職の可能性がありますから、柔軟性を確保しておいたほうがいいということです。

住居の位置は、その人の動線を決めるので、時間管理上のポイントです。ぜひ、慎重に投資対効果を測りながら、住居の場所を決めてください。そして、環境に応じて柔軟に住居の場所の見直しを図っていってください。

著者愛用のナビ付き自転車

## 効率化5　移動時間を見直す

『年収10倍アップ勉強法』では、「勉強法の盲点」となっているオーディオブックをご紹介しました。同様に多くの人にとっての**「時間管理の盲点」は「移動手段」**です。

### ［1］スポーツ自転車活用の勧め

私は都市部に住んでいる人には、自転車（それもスポーツタイプのスピードが出る自転車）の活用をお勧めします。自転車は、公共交通に比べて移動が柔軟にできるため、トータルの移動時間を減らすことができるからです。

柔軟性という点では、バイクでも同じと思われるかもしれませんが、バイクは駐車が容易ではありません。

バイクがだめならタクシーはどうかというと、タクシーの場合、乗りたいときに捕まらないリスク、渋滞にひっかかるリスク、さらに最近のタクシーは道を知らないリスクがあるため、常用するには使い勝手が悪いのです。

のんびり仕事をするためにタクシーに乗ったのに、タクシーの運転手氏が道を知らなくて、いちいち指示しないといけないということが、今でもしばしばあります。それなら、ナビが付いている自分の自転車のほうがよほど確実に目的地まで行けます。

海外、特にロンドンやチューリッヒなどのヨーロッパの都市は、日本よりずっと自転車に乗っている人の割合が多いです。スーツ姿にヘルメットの人たちが、街を行き来しています。都内でも、自転車に乗っているのは外国人比率が高いようです。

一般的なスポーツ自転車（クロスバイク・ロードバイク・マウンテンバイクなど）であれば、三駅から四駅分となる五キロはせいぜい十五～二十分くらいの距離です。まるでその距離が徒歩圏内のように錯覚をする感じです。

住居と勤務先を五キロ以内の距離にすれば、すべての移動手段が自転車でまかなえるようになります。もし、十キロ以上も視野に入れた本格的な自転車通勤をしてみたいと思う方は、左記の本を参考にしてみてください。

**疋田智『自転車生活の愉しみ』朝日新聞社**

## ［2］移動時間を有意義な時間に変換する

自転車に限らず、徒歩でもタクシーでも地下鉄でも、どうやったら移動手段が少しでも効率的になるかを考えてみましょう。

移動時間の何がいけないかというと、**移動しているとなんとなく充実している時間のような錯覚を起こしてしまい、ムダな時間という感覚がなくなりがち**だということです。

営業マンの成績を分析すると、優秀な営業マンとそうでない営業マンの差は、勤務時間の長さの差ではなく、移動時間を短くして効率よく回っている営業マンとそうでない営業マンの差であることが多いのです。しかし、移動をしていると、なんとなく仕事をしている気になってしまうのが落とし穴です。

しかし、実際の時間管理上、移動時間は無駄な時間です。いくら本を読んだとしても、そんなに集中して読めませんし、考え事にもなかなか集中できません。座っていることで運動不足になったり、肩が凝ったり、腰が痛くなったりします。

移動手段を自転車にすれば、移動時間を短縮するだけではなく、移動時間を運動の時間に転換できるというメリットもあります。

一日三百キロカロリーぐらいの運動をしたほうが体調はよくなります。三百キロカロリーの運動とは、一万歩歩くかテニスを一時間するくらいのイメージです。なぜ、そのくらいの運動が必要かというと、古来、人間が農業や狩猟をして活動していたときの運動量が一日三百キロカロリー前後だからです。

逆に、それぐらい動かないと、体の機能が鈍り、どんどん生活習慣病に近づきます。

毎日スポーツクラブに行って、エアロバイクやトレッドミルを一時間してもいいのですが、そのかわりに自転車に乗って毎日一時間移動する習慣をつけると、それで将来の病気のリスクを大きく減らすことになります。

私は今、毎日三十キロ前後自転車で移動しています。スポーツクラブで心肺機能の測定をしますと、十八歳並み、実年齢マイナス二十歳です。ふだん自覚していませんが、おそらく、私と同い年の三十八歳の女性と比べると、疲れ方が違って、それが集中力の差になり、時間効率の差になっていることはあると思います。

話は変わりますが、東京―大阪間を移動する場合、新幹線と飛行機、どちらのほうが時間を有効に使えると思いますか？ 新幹線だとのぞみでも二時間半、飛行機だと一時間十五分ですから、一見、飛行機のほうがいいような気がします。

しかし時間効率の観点からは、私は新幹線をお勧めします。なぜなら、飛行機は空港が比較的中心部から離れている場所にあるのでそこまでの移動時間がかかる上、荷物検査などにも時間がかかり、かつ発着の間はパソコンを使うことができません。

一方、新幹線でしたら、東京駅も新大阪駅も中心部にあり、乗車時間をすべて仕事や勉強に使うことが可能です。グリーン車の一部には最近電源も用意されているため、電池が切れることを心配せずにパソコンを使うことができます。

私はこの本の原稿を書いている最中に、東京とアメリカのミネソタを往復する機会がありました。片道十四時間の飛行時間です。その飛行機の中で思ったのが、いかにそのフライト中の時間をムダに使ってしまっている人が多いかということです。大体の人の時間の使い方はこのような感じでした。

◎まずはビールを一〜二本飲む
◎雑誌を眺めて、付属のDVDやテレビを見る
◎ワインとともに食事をとり、食後眠くなるので、とりあえず寝る
◎起きたら、DVDも飽きたので、今度はゲームをする

しかし、ここに下記のようなグッズを持ち込めば、飛行機、それもエコノミーの席だって、立派な書斎になります。

**◎ノイズキャンセリング機能つきのヘッドフォン**
**◎ノートパソコンと替えの電池を一〜二本**
**◎チェックが必要な仕事の書類**
**◎腰当てクッション**
**◎くつろげる音楽の入ったお気に入りのMP3プレーヤー**
**（飛行機に付属のものは、不必要なアナウンスが入って気が散ります）**
**◎お気に入りの本を数冊**

ふだん、誰にもじゃまをされない時間を十時間以上確保できることは、なかなかありません。それを、暇つぶしに使ってしまうのは実にもったいないと思います。

## 効率化6　自分でしなければならない家事を見直す

次に家事を見直します。ステップ❸では、家事をプロに頼むことを勧めていますが、すべての家事を頼めるわけではありませんから、ここでは日常の家事の効率化を考えます。

### ［1］　家事の動線を意識する

冷蔵庫に食べ物をとりに行く、飲み物を出す、食器棚からお皿を出して食事の支度をする、洗濯物を干す――こうした動作一つ一つに、必ず移動と手間暇が必要になります。こういったちょっとしたことも、毎日積み重ねれば、決してばかにならない時間です。そこをほんの少しずつでも効率化できるように、家の中での行動の動線を意識していきます。これは、工場の生産ラインの管理で行う手法「どうしたら効率よく人が動けて、かつ、ミスが少なくなるのか」をイメージしたものです。

食事も、コンビニに頼りすぎると質が落ちるので、ある程度自炊する必要があります。ところが、動線がごちゃついていて面倒だったり、使い勝手が悪いと、あっという間に食事をつくらなくなってしまいます。

工場管理の手法のように、ここには鍋、ここにはフライパン、ここにはフライ返しを入入れる、といったように、卵焼き一つをつくるのにも、一番効率よく動けるように自分で工夫するわけです。

## ［2］家電を導入する

**掃除機**はコードをつなげるタイプは面倒で、どんどん使わなくなるので、コードレスの掃除機を複数置いておいて、ちょっとしたタイミングにすっと掃除ができるようにします。あるいは、クイックルワイパーのようなものを複数用意してもいいでしょう。

風呂掃除も、最後に出る人がさっと洗うとか、二十四時間風呂を導入するといったような効率化を考えるわけです。

洗濯に関しては、独身でも家庭のある人でも、衣類乾燥機でかなり効率化できます。乾燥機の値段が高いと考えず、それで節約できる時間を買うと考えるのです。

このように「Ⅱ浪費の時間」や「Ⅳ空費の時間」の仕事を、よけいなリードタイムをとらないようにして、隙間時間でできるようにすると、ずいぶん変わります。

こうした新しい家事や家電の考え方については、私の友人でもあり、ムギ畑を一緒に運営している仲間でもある生活コラムニストのもせいづみさんが専門です。ぜひ、著書を読んだり、サイトを訪れてみてください。

◎ももせいづみ『ネオ家事入門——これが生活の新常識70』（PHP文庫）
◎ももせいづみさんのサイト　http://www.chikuwa.com/momo/
◎All About共働きの家事　http://allabout.co.jp/family/hw4di/

### ［3］家事の効率化は手抜きとは違う

家事はどうしても一日一、二時間発生するので、どれだけ短くできるかが時間管理の上でも重要です。しかし、手抜きをすればいいのかというと、そうではありません。家事を手抜きすると、クオリティ・オブ・ライフが下がってしまいます。

もし、効率化することで手抜きになってしまうくらいなら、しっかりとした食べ物がデリバリーで届くようにするとか、シャツも自分でアイロンがけしないで、クリーニングを頼むほうがいいのです。あるいは、形状記憶シャツを買えばいいでしょう。最近、形状記憶シャツも質のいいものが出てきました。

## 効率化7 その他のこまごまとした生活時間を見直し続ける

最後に、まとめとして、ほかの細かい生活時間の見直しについてふれていきます。

毎日五〜十分程度のものについても、一つ一つ短縮できるかどうか、楽しんで考えます。毎日、同じ作業が続くものなら、ひょっとしたらこの作業を短縮できないか、ということを考え続ける必要があるからです。

たとえば、寝つきをよくすれば、睡眠時間の効率を上げることができます。寝ようと思ってもなかなか眠れない時間はもったいないものです。この時間を短縮して、質のいい睡眠時間を確保することを考えます。

方法としては、「快眠プログラムマット」のようなものを使ってもいいですし、また、英語に興味がある人でしたら、フォトリーディングの開発元であるLearning Strategies社が提供するParaliminal CDという、脳の両側で学習を行うためのCDを聴きながら、うとうとと眠ってても気持ちがいいです。私もいくつか持っていますが、聴いているうちにほとんど眠りに入ってしまいます。

プログラムには、禁煙・ダイエット・健康・リラックスなど、いろいろなテーマがありますので、お好みのものをどうぞ。

また瞑想のCDもお勧めです。聴きながら、気持ちよく眠ることができます。

**◎Learning Strategies社のParaliminal CDの案内（英語）**
**http://www.learningstrategies.com/Paraliminal/Intro1.asp**
**◎山川紘矢・山川亜希子『瞑想へのいざない』（PHP研究所）**

ほかには、たとえば以下のような方法がお勧めです。

**◎振込はすべてインターネットバンクにする（ATMは混んでいて使いにくいので）**
**◎現物を店頭でチェックする必要がないものはネットで買う**
**◎何かちょっとしたものを送るときには、郵便ポストから送れるエクスパック500を使う（コンビニまで行く時間やコンビニでの待ち時間を省く）**
**◎ダイレクトメールが来ないように、むやみやたらに業者に住所を教えない**

女性だと、化粧時間も改善余地が大きいと思います。男性だったらネクタイやひげそりなどを含めた身支度時間になるでしょうか。

これも、動線を考えておいて、一定のものがすぐにそろうようにしておきます。女性なら、化粧水から始まって、乳液・下地・ファンデーション・チーク・アイブローなどをわかりやすく順番に、迷わない位置に並べておくのです。さながら、工場の工具のようなイメージです。

化粧品に最初からついている小さいチップは使い勝手が悪く時間がかかるので、専門の大きなブラシを買っておくことも効率化になります。すでに説明したレーザー脱毛も、まつげパーマも同じ発想です。

一つ一つが数分単位であっても、細かい改善を積み重ねることで、時間がどんどんと生まれてくるのです。

これまで説明した七つの方法を振り返ってみましょう。おそらく、6の「家事の効率化」や7の「生活の細かい見直し」はそれなりに実行している人が多いと思います。一方、実践している人が少ないのが2の「健康な生活習慣」、4の「住居の柔軟性」、および5の「移動時間」の見直しではないでしょうか。

しかし、こうした手がつけにくいものほど、実は大きな効果があるのです。ぜひ、思い切って試してみてください。

マニアックなくらいITを活用する

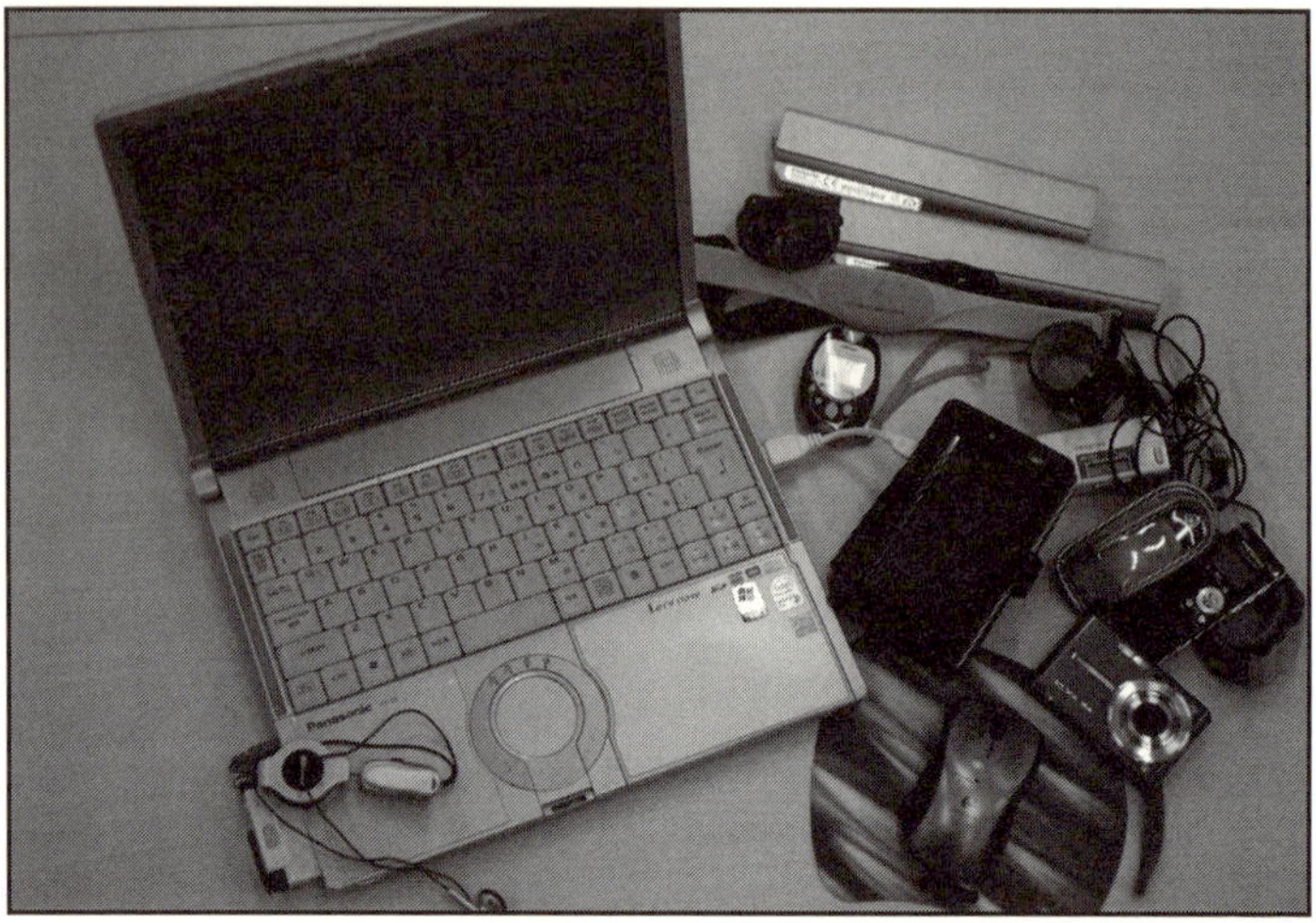

## 効率化を実現する二つの補助手段

ここまで見てきた七つは「分野別」の解決方法でした。これから説明する二つの補助手段は、どの分野にもまたがって、それぞれの分野の効率化を助ける方法になります。具体的な分野とその足腰となる手法を組み合わせることで、効果は倍増です。

補助手段1　マニアックなくらいＩＴを活用する

補助手段2　効率化のための知識に興味を持つ

## 補助手段1　マニアックなくらいＩＴを活用する

時間の効率を上げるということは、すなわち生産性を上げるということです。

二〇〇〇年以降、各国間や企業間で生産性の向上に顕著に差がついた原因を調べると、それはＩＴへの投資の成功の有無でした。

まったく同じように、個人の生産性も、ＩＴの活用度で大きく変わってきます。時間管理の効率化とＩＴは切っても切り離せないのです。**昔の時間管理法が、最近今一つ物足りなくなってしまったのは、ＩＴについての記述が少ないことが一つの理由**でしょう。

『年収10倍アップ勉強法』でＩＴの活用を強調したせいか、多くの読者の方には、私がＩＴ信者のように感じられたかもしれません。しかし、**ＩＴは「諸刃の剣」です。うまく使わないとＩＴに使われてしまうことになりかねない**という懸念は最初にお伝えしておきます。

ＩＴも、他の時間管理法と同様、投入した時間と効果のバランスを計測しながら、道具として使いこなします。特にＥメールに振り回されないように注意したいと思います。

## [1] ノートパソコンのある時間管理とない時間管理

時間管理の基本とITの組み合わせで、まずお勧めしたいのはノートパソコンです。

時間管理で特に時間がかかるのが、情報検索や情報収集、収集した情報の管理、スケジューリング管理といった情報の扱いです。

私たち人間の情報能力、特に意識の上で計算したり記憶する能力は、頭にくるぐらい低いと思いませんか?

人間は大体一度に七桁までの数字しか覚えられません。電話番号ぐらいが限界のようです。十個の情報を手に入れたら、三つぐらいしか覚えられずに、七個はどこかへ行ってしまいます。しかしその、**どこかへ行ってしまったように見える情報は完全に消え去るわけではなく、巨大な無意識のどこかに格納されているのですが、なかなか引き出せなくなってしまうだけ**なのです。

脳がこういう構造になっていることを理解すると、なぜパソコンがいいのかがイメージできるのではないでしょうか。**覚えておきたいことやスケジュールは、なるべくパソコンに記憶させてしまえばいい**のです。自力ではなかなか思い出せなくても、パソコンの検索機能を使えば、あっという間に情報が手に入ります。

Googleデスクトップの画面

紙よりもパソコンがいいのは、まずパソコンは紙ほどの整理がいらないことです。すべてHDDやウェブのストレージ（記憶装置）に入れておけば、あとはGoogleデスクトップのような機能を使ってキーワードを与えるだけで、ローカルのフォルダもウェブもメールも、全部勝手に検索してきてくれます。

一方、紙の場合には、整理をしないとなかなか見つけるのはたいへんですし、また、持ち歩こうと思っても、手帳＋αを持ち歩くのが精一杯です。

**手帳とパソコンの使い分け**ですが、私は併用しています。

特に、定期的なスケジュールは、パソコンだと「毎週火曜日の何時から何時は何をする」と決めると、その瞬間にパパパッと二十六週分入ってしまってとても楽です。

ただパソコンはいつ壊れるかわからないし、電池切れもあるので、必ず紙と併用します。いずれにしろ、最近はITが本当に安く、便利に使えるようになりました。これを時間管理に使わないのはもったいないのです。たとえば、どこかに出かけるときに、地図をプリントアウトして持ち歩きますが、持ち歩けるパソコンがあれば、プリントアウトの必要がなくなります。道に迷ったり、探し物をするのは時間のムダです。そういうところで、人間よりも何百倍も優秀なパソコンの記憶機能や検索機能を使わない手はありません。「ノート」として、使い倒してください。

◎Googleデスクトップ http://desktop.google.com/ja/

## ［2］Eメールの召使いにならない

一日の中で、コミュニケーションにかかる時間というのは大きな比率を占めています。

Eメールというのは本当に偉大な技術革新です。それまでは必ず対面や電話でなければできなかったコミュニケーションが、メールでできるようになりました。いかにこのEメールをうまく使いこなすかによって、時間の効率が変わってきます。

時間泥棒の項目でもふれましたが、Eメールは扱いを間違えると、簡単に召使いにされてしまいます。一方、Eメールは仕事やプライベートを充実させる通貨の役割もあります。

時間の効率化を考えると、Eメールは時間を減らしたり、増やしたりする鍵になります。いかに、Eメールの召使いにならず、Eメールを召し使うかという観点が重要です。Eメールをどう召し使うかについては137ページの表を思い出してください。

### [3] ITは給料のいらない専属従業員・秘書・エキスパート

「Eメールを召し使う」という概念を提案しましたが、**ITのよさは「給料いらずの忠実なアシスタント」になってくれること**です。もし、ITと同等の能力の人を雇おうと思ったら、お金がいくらあっても足りません。

スケジューラーに予定を入れておくと、五分前にはピコピコと画面が点滅して「三時です。もうすぐ始まります」と教えてくれます。昔は秘書の必須業務の一つだった名刺管理も、今は名刺スキャナーでポンと入力しておけば何百枚もの名刺をいつでも見ることができますし、いつでも検索が可能です。

人間を雇った場合は、給料の支払いだけではなく、いろいろと気も遣う必要があります。雑用や定型作業ばかりさせていると人間はだんだんとモチベーションが下がるものです。ところが、パソコンはどんなに雑用をさせても文句も言いません。言ったことをそのとおりに行うのがもっとも得意なのです。

よく、ITの発展で時間がなくなったという話がありますが、それは使い方の問題です。たとえば、前述のように、**Eメールも、届いたメールに対して反射的にすぐ受け答えしてしまうと、Eメールを書くために一日パソコンの前に座っているような仕事のしかたになってしまいます。**

Eメールもしっかりと集中管理をして、メリハリをつけると、かなりの時間短縮が可能です。これまでだったら、わざわざ会いに行かなければならなかった商談や、ファックスや電話で面倒な手続きをしなければならなかったことが、ポンとメールを打つだけですむようになりました。Eメールは上手に使えば使うほど、時間をくれるものになるのです。

### ［4］ブラウザとEメール以外も活用してみる

パソコンの活用方法でいつも思うのが、多くの人が、とりあえずは付属しているメーラー

Outlookとブラウザ Internet Explorer、それにせいぜいマイクロソフトオフィスのワードとエクセルを使うだけで、それ以上の使い方をしていないということです。しかし、それだけでは、アシスタントと言えるまでの活躍をしてくれません。ノートパソコンに投資した分の元はなかなか取り戻せないでしょう。

**パソコンの実力を最大限に引き出すためには、さまざまなソフトウェアを入れる必要があります。**ブラウザにはRSSを組み込み、そのほかにも地図ソフト・ドキュメントスキャナー・名刺管理ソフト・(マインドマップのような)アイデアプロセッサーソフト・翻訳ソフト・Skypeのような電話ソフト・体重管理ソフト・統計ソフトなどを組み込んでいくのです。そうすることで、パソコンは私たちの代わりに働いてくれるようになります。

企業で支給されているパソコンにはセキュリティの観点から、個人が勝手にソフトウェアを入れられないことが多いので、個人で持ち歩けるノートパソコンは勉強のためだけではなく、時間管理のためにも有効です。

たとえば、**名刺管理ソフト**です。名刺リーダーは以前試したときには、あまりにも認識率が悪かったので使わなくなってしまいました。ところが最近のソフトは優秀で、ほとんど正確に認識します。一度データベースに入れた名刺は簡単に探せるため、私は名刺ボックスや名刺帳から名刺を探すという習慣がなくなりました。

特に便利なのが、出先での検索です。名刺はふだん持ち歩けませんが、パソコンに入っていると、ミーティングなどである会社の人に会ったときに「御社のこの人たちも知り合いです」と画面上で見せると、話がとてもスムーズになります。

また会議などで、「あれ、この人一度会ったことがあるけれども、名前が思い出せない、誰だっけ」などという場合には、こっそり検索することで名前を発見できます。とにかくＩＴを使えば、捜し物をする時間を減らすことができるのです。

## ［5］ＩＴの使いこなしは小技の集積

さらに、よくある悩みとして、ＩＴを活用したいのだけれども、使いこなすまでに時間がかかって、トータルでは時間の節約にならないということがあります。その解決には、「時間的に利益が出る損益分岐点まで使いこなすこと」しかないと私は思っています。

「損益分岐点分析」という経営分析の手法を習ったことはないでしょうか？

何かの事業を行う場合には必ずある程度の固定費がかかるけれども、一定の売上を超えることができれば固定費が回収できて、その固定費の回収後はどんどん利益が大きくなるという考え方です。

**10倍RULE㉟〈利益が出るまで使い込む〉**

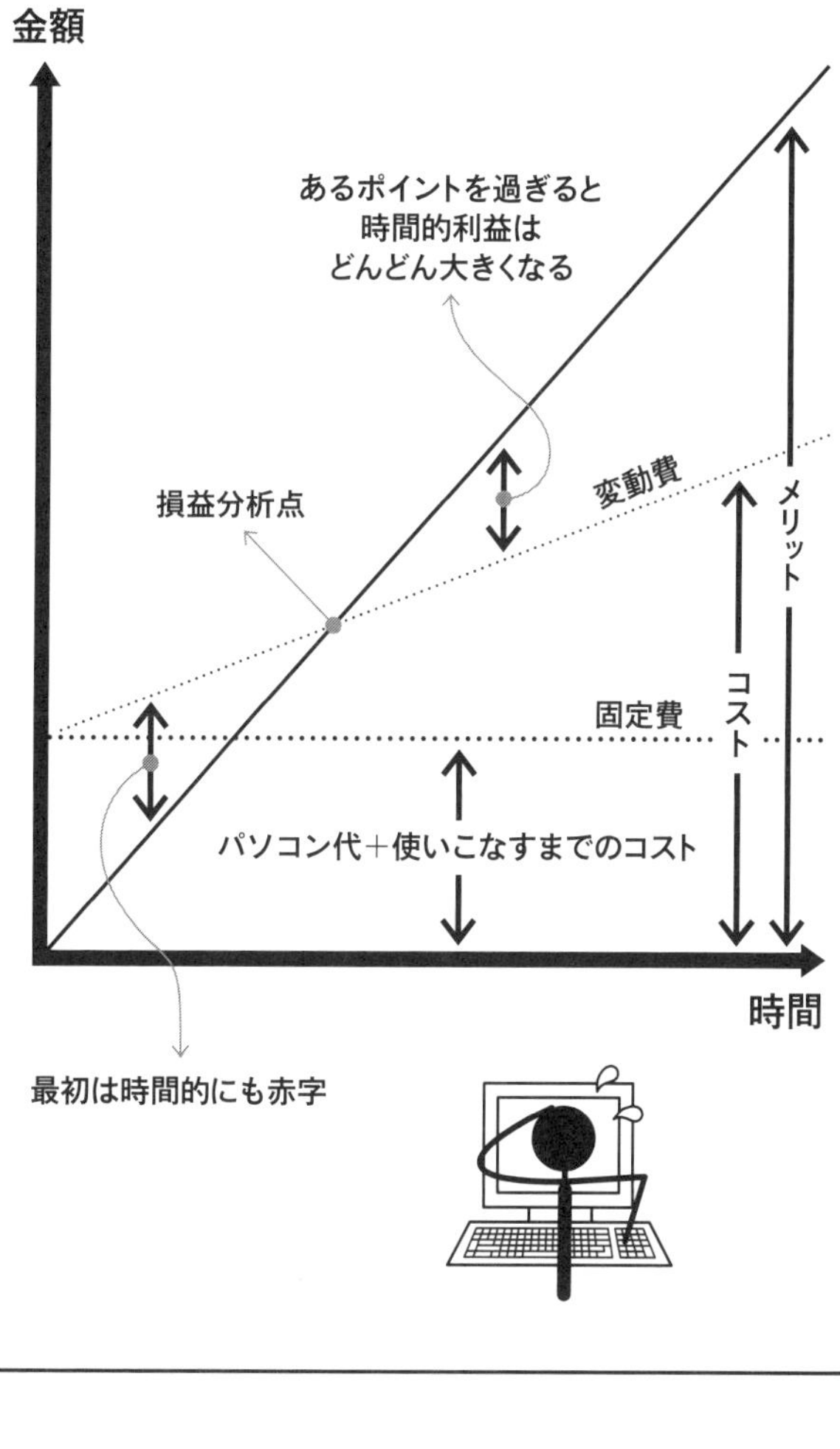

同じように、私たちも「パソコンの価格」と「使いこなすまでの時間」という固定費を回収するまで、どんどん使い込んでいくのです。そうすると、ある段階から、使えば使うほど、時間が節約できるというポイントにたどり着くことができます。

また、変動費の観点で言いますと、一つ一つのソフトを使うときになるべく同じことをより短い時間でできるように訓練をしていきます。たとえば、以下のような作業です。

## マウスはなるべく使わない

パソコンの操作では、可能な限りショートカットキーを使います。

なぜなら、キーボードからマウスに手を移し替えるために時間がかかる上、マウス自体、とても手に負担がかかるものだからです。手をひねるような形で持つマウスが多いため、腕の筋肉に負担がかかり、肩こりにもつながります。キーボードも負担がかかるという点では同じですが、マウスよりはましです。

したがって、ショートカットキーを活用してキーボードでできるものは、なるべくキーボードでできるようにしましょう。マウスの代わりに、キーボードを使えるようになるだけで一回数秒が節約できます。たった数秒でも一日ではずいぶん変わります。

たとえば、この原稿は、ワードで書いていますが、セーブをするときは、マウスで「ファイル→上書き保存」とクリックをするのではなく、Ctrl＋sですぐに終わります。

## キーボード入力を早くする

『年収10倍アップ勉強法』で紹介した「親指シフト」キーボードは、大きな反響がありました。誤解しないでほしいのは、親指シフトが唯一無二の正しい方法ではないということです。必要なのは、タッチタイピングでキーボードを見ずに打てるようになって、思考のスピードを妨げないようにする、ということです。

特にキーボードを打つスピードが思考のボトルネックになってしまう人にとって、親指シフトや中指シフト、M式キーボードのような新しいやり方は突破口になりえます。

なお、親指シフトは専用のキーボードがなくても、親指ひゅんQなどのエミュレーターといわれる常駐ソフトがあれば通常のキーボードでも使えます。富士通のサイトでは専用の漢字仮名変換が必要なように書いてありますがATOKやMS-IMEでも使えます。『年収10倍アップ勉強法』を読んで、親指シフトに移行したブロガーも何人も出て来ました。

**◎親指ひゅんQダウンロード　http://nicola.sunicom.co.jp/info3.html**

**◎親指シフト入門書と練習ソフト**

**http://software.fujitsu.com/jp/japanist/relation.html#2**

## 補助手段2　効率化のための知識に興味を持つ

### ［1］人間を研究する学問に好奇心を持つ

ＩＴと並んで、時間の効率化に重要なのは、「人間はどのように情報を認知して、何をどう考えて、どのような行動をとるのか」といった、人間そのものに関する知識です。

具体的には心理学・言語学・情報工学・教育学・生理学・行動科学・認知科学・経済学・統計学などさまざまな分野に及びます。すべてを学ぶ必要はなく、興味があるものを学べばいいでしょう。

多くの新しい手法は、その基盤になんらかの学問分野での理論や実験に基づいた裏づけがあります。逆に、そうした科学的な裏づけがない方法は、多くの場合、開発者や著者の特異な体験や思い込みで形成されており、必ずしも誰にでも応用可能とは言えません。

たとえば、私の習ったフォトリーディングは「加速学習」という新しい研究分野での成果を生かしたものでした。一九八〇年代から一九九〇年代にかけて、脳科学が発展し右脳の役割について理解が深まり、これまでの論理力とか言語理解力といった左脳的な機能に加えて、もっと右脳を生活やビジネスの中で生かそうという考え方が広まってきています。

右脳の能力やその活用の必要性については、左記の本に詳しく書いてありますので、興味がある人はぜひ、読んでみてください。

**ダニエル・ピンク『ハイ・コンセプト』三笠書房**
**マルコム・グラッドウェル『第1感』光文社**

## ［2］新しいやり方に好奇心を持つ

最初に「時間管理にはベストの方法はない」と説明したとおり、時間管理、すなわち情報管理や生産性のスキルには「これで完成」というものはありません。したがって、少しずつでも新しい知識を手に入れ、これができないか、あれができないかというようにコツコツと考え方や手法の入れ替えをしてください。三年ぐらいたつと、ものの見え方がまったく違ってくることでしょう。

わかりやすい話で言いますと、たとえば、マウスの買い換えです。

私はマウスも、半年〜一年に一回ぐらい買い換えて試します。数年前まではワイヤレスマウスは反応が悪くて使い物にならなかったのですが、最近はまったく問題ありません。

最近はマイクロソフトがエルゴノミクス（人間工学）タイプのワイヤレスマウスを出すなど、技術進化には著しいものがあります。

環境が変わると、一番合った方法も変化してきます。しかし人間の思考能力やスピードは意外なくらい、これまでの制約条件にとらわれています。したがって、自分ではいっぱいいっぱいで、すごく効率的にやっているつもりでも、知らず知らずのうちに環境が変わっていることもあります。

定期的に知識を取り入れて、新しいやり方と交換しながら、自分のその時点の環境において、よりよい方法を見つけていくわけです。

## ステップ❺――新しい動き方を統合的に実践する

ステップ❹までいろいろ効率化をしてきました。ステップ❺はその最終仕上げです。これまでの動き方を統合して、よりよい方向へ進み続けるためにはどうすればいいのかということを五つのまとめとして見ていきましょう。

新しい動き方1　生まれた時間を、さらに効率化するために再投資する
新しい動き方2　すきま時間は常に手帳を見るクセをつける
新しい動き方3　予定と現実のギャップを見て、理由を考える
新しい動き方4　時間管理の効果を測定する
新しい動き方5　時間管理を改善し続ける

### 新しい動き方1　生まれた時間を、さらに効率化するために再投資する

ステップ❹までの時間の効率化をすると新しい時間が生まれます。その時間は「Ⅲ投資の時間」に使って、もっと楽に自分の生活を組み立てられないかという仕組みづくりや試

行錯誤に使います。

企業でも、設備投資や研究開発投資を行わないと生産ラインやサービスが陳腐化していきます。同様に個人も、ずっと同じやり方ではだんだんと効率が落ちていきます。

一つのアイデアとしては、大きな書店や量販店、文具店を定期的に訪れて、何かいい本、グッズがないかハンティングすることをお勧めします。時間管理の改善が好きな友だちと雑談をしながら、新しいアイデアを仕入れるのもいい方法です。

身の回りにそういう人がいない場合には、シゴタノ！のような達人のサイト（『スピードハックス』著者の大橋悦夫さんのサイト）を定期的にチェックしても参考になります。

**◎シゴタノ！　http://cyblog.jp/modules/weblog/**

## 新しい動き方2　すきま時間は常に手帳を見るクセをつける

誰でも、何かに拘束されて何もできない時間というものがそれなりにあります。パソコンもいじれなければ、本も読めないような時間です。たとえば会議中や混んでいる通勤電車で立っているときなどです。そういうときには、せっせと手帳を見ることにしましょう。

会議中に手帳を見ていても、誰も怒りません。メモをしているふりをしながら自分で新しいことの組み立てをやっていくのです。どこのすきま時間に何をしようか、この予定の優先順位をどうしようかとかを一人でブレストする時間にするのです。

常に手帳を手放さず、自分の予定を能動的にコントロールするクセをつけましょう。

**新しい動き方3 予定と現実のギャップを見て、理由を考える**

週末とすきま時間を使って、最低でも週一回は、予定と実際の行動の差を分析します。予定を立てても、なんらかの条件の変化や相手の都合などで、予定どおりにいかないことは当然あります。しかし、手帳で予定したもののうち、実行できなかったことが二割以上になってはいけません。

たとえば、できないことが二割を超えて五割まで増えてしまうと、計画したことの二つに一つは実行されていないのですから、その時点で予定としては役に立たなくなってしまいます。

自分の予定は「自分への約束」と考え、締め切りは必ず守り、**達成確率は最低でも八〇%以上を目指します。**

**逆に予定をいつも一〇〇%実行し続けられる場合も、再考の余地があります。**立てている計画のリソースの配分に余裕がありすぎる可能性があるからです。

私の最近の失敗例で言いますと、帳簿の整理があります。ここ四ヶ月くらい、経費の未精算がたまってしまったので、ある平日の午後に一ヶ月一時間、計四時間と見積もってずいぶん前から、整理の予定を入れておきました。

ところが、計算や帳票の整理を始めたところ一ヶ月分で四時間使ってしまい、予定の行動に現実が追いつきませんでした。この理由は、私が時間を少なめに見積もりすぎていたことにあります。

一つ一つの帳票を整理して入力し、さらに帳票を添付すると一件あたり最低でも五分はかかりますから、おおよそ一ヶ月に五十件の経費精算があるとすると、五分×五十＝二百五十分で、約四時間です。単純な計算をすれば、四時間で四ヶ月分終わらないことはすぐ分かります。四ヶ月分を終わらせるには、一つあたりの処理を一分十五秒以内でしなければいけないので、それは無理なのです。

次に私がとるべき行動は、まずは残りの三ヶ月分、十二時間の経費整理時間をどこかで確保することです。

私は自分が会計士なので頼んでいなかったのですが、税理士事務所などと契約をして、こういう作業はすべてアウトソーシングしてしまうこともできます。

その場合には、自分ですれば月四時間ですが、プロに頼んだら、帳票送付・コミュニケーション・チェックなどでおおよそ月一時間の作業にまで減らすことができるでしょう。そうすると、月に三時間の作業が減ることに対して、いくらまでのコストを負担する覚悟があるか、という計算をすることになります。

あなたが週に平日二回以上スポーツクラブに行くと決めたのに、二週間連続して失敗したとします。その場合にはおそらく、現状の勤務体系と、今契約しているスポーツクラブまでの距離では実現が不可能なのではないかという仮説を立てるわけです。

そして、二回のうちの一回は休日に替えるか、あるいはスポーツクラブの場所を勤務地により近いところにするなど、見直しを図ります。

## 新しい動き方4　時間管理の効果を測定する

時間管理でどのくらいの効果が出たのか、数値化して効果を測定するという習慣を忘れないでください。

まずは、時間投資マトリックスで理想と現実を比較して、どの程度理想どおりに時間が使えたのかということを把握します。

**目標は、「Ⅲ投資の時間」に三〇％以上の時間を使えるようになること、そして、「Ⅲ投**

**資の時間」「I消費の時間」を合わせた「意味のある時間」を八〇%以上にすることです。**

次に、投資対効果のわかりやすい行動をいくつかサンプリングして、**費用対効果を調べてみます。**

英語の勉強については先にも説明してきましたが、上がった点数や昇給分を投入時間数で割ってみます。

スポーツについては、定期的に体重・筋肉・体脂肪率・最大酸素摂取量などを計量して、効果が出ているかを見てみましょう。営業管理の手法を改善したのであれば、一日あたりの訪問件数が増えているか、クロージングに至っている確率が上がっているか、などをチェックします。

あなたがフリーランスでしたら、時給が上がっているか、時給をもらえている稼働時間が上がっているかの二つをチェックしてみるといいでしょう。会社員ならば、半期ごとの評定やボーナスの査定でチェックします。

家族や恋人との団らんを増やしたいと思ったら、月の残業時間がちゃんと減っているか、平均で週に何回以上、家族や恋人と夕食をとれているのかを計算していきます。そういった数字が着実に上向いているかどうかを管理していくわけです。

## 新しい動き方5　時間管理を改善し続ける

時間管理とは、生活習慣を言い換えたものと考えることもできます。そのため、勉強法よりもカバーしている範囲は広いのです。

「どうやってお金を儲けるか」という本になかなか万人に当てはまるような決定版がないように、「どうやって時間を使うか」についても、やらなければならないことはさまざまですし、なんか読んでいてピンとこないな、と思うこともあるかもしれません。

しかし、時間管理というのはすごく微妙なバランスの中で、なんとなくいいところにそのときの最適解として落ち着いているものを、少しずつ変えていくということなのです。

時間はサラサラ流れて、ふだんはそれを無意識に使っています。それを、緊急性と重要性による軸で分けて自分の時間を割り振るか、あるいは「黄金の時間の5原則」を思い出して、無意識にそちらに向かって行動をしていくような習慣とクセをつけていくのです。

仕事でも運動でも食生活でも、一度に大きく変えたことというのは、長続きしにくく、元の習慣に戻ってしまいがちです。実際、あまりにも急激に変化するとストレスが過大になるため、元の姿に戻そうというメカニズムが動いてしまうのです。

そのため、少しずつ変えてみて、これだったら長続きするという方法が見つかったらそれを取り込み、そして、また次を足していくという形で、時間をかけて変えていくのが現実的です。だからこそ、**時間管理改善というのは、生活習慣改善とほとんど同じ**なのです。

自分が得意で、楽しくて、もうかることに特化して時間を使うようになると、幸福感・充実感が増しますし、お金ももうかります。逆に、時間を苦手なものに使えば使うほど、人生の密度が薄くなります。ですから、なるべく得意なことをしてお金をもうけて、そのお金を使って苦手なことを他者に依頼する仕組みを組み立てていったほうがよいのです。

必要なのは、ひたすら継続的な改善です（英語ではContinuous Improvementといいます）。トヨタのカイゼンも同じ発想です。トヨタでは、「昨日と同じことをやること」を「作業」と呼び、「明日からよりよい仕事ができるように準備すること」を「仕事」と言います。

同じように、個人の時間は、成果を出すための生産システムだと考え、つながりを考えながら、メンテナンスとカイゼンを繰り返していくのです。いきなり全部モデルチェンジして内容を変えてしまうと、ラインが動かなかったり、不良品が出たりしますので、これまでの知恵を生かしつつも、新しいやり方を学んでいきます。

常に継続的なカイゼンを実行することで、私たちの黄金の時間は着実に増えていきます。ぜひ、「黄金の時間の5原則」を理解し、「5つのステップ」を実行することで、あなたの人生の充実感と収入の両方を豊かにしてください。

## 基礎編のまとめ

新たな時間管理の手法に取り組んでも、負担が大き過ぎたり、効果が出ないといったことで、結局やめてしまうという結果になりがちです。それには二つ理由があります。

### ［時間管理がうまくいかない理由］

**1…時間管理にベストの方法はない**

時間の使い方は人それぞれですから、時間管理のベストな方法も人それぞれです。日々、いろいろな方法を試してみて、自分に合った方法を探し続ける必要があります。

**2…時間管理は効果測定が難しい**

効果が実感できないからといってすぐにやめては何にもなりません。一つ一つは小さな変化でも、それを続けることで長期的に大きく変化させることができます。

［新しい行動が続かない理由］

**1…動機付けされていない**

誰でも「意志は弱い」ものです。続けるためには「あめとむち」の仕組みが必要です。

**2…好循環が生まれるまで時間がかかる**

よい結果が出るまで、「苦もなく続けられる仕組み」をつくることがポイントです。

**3…できない理由を考えていない**

できない理由が自力で克服できないことなら、割り切ってあきらめましょう。

**4…一流の人のやり方をそのまま真似している**

生活環境は人それぞれです。人から学んだ方法は、自分流にアレンジして取り入れます。

**5…現状をあまり変えないで大きなリターンを期待している**

転職や引っ越しは大きな成果が期待できますが、リスクも大きくなります。

## ［勝間式 黄金の時間の5原則］

ダイエットにはいろいろな方法がありますが、大原則は「摂取カロリーを消費カロリーよりも小さくする」ということです。同じように時間管理にも原則があります。

**1…時間をつくるためには、あらゆる面の投資を惜しまない**

時間を増やす投資には「手帳・自転車・パソコンなどの道具」「スポーツクラブなどでの体力づくり」「生活習慣の変化」「書籍などからの知識」「プロのサービス」などがあります。

**2…単位時間あたりの成果に固執する**

自分の時給を知っておき、一時間あたりの成果や価格と比較する習慣をつけましょう。

**3…必要以上に「いい人」にならない**

時間管理のできる人に「いい人」はいません。依頼や誘いを断る勇気が必要です。

**4…やりたくて、得意で、もうかることを優先する**

成果を出しやすいことに集中するほうが、時間効率も時給も上げやすくなります。

**5…スケジュールはゆったりわがままに設定する**

一日に集中できるのは八〜十時間、エネルギーを注げる仕事は二つ〜三つまでです。目一杯のスケジュールで、成果を出し続けることはできません。かえって周囲に迷惑をかけることにもなります。

**［黄金の時間を増やす5つのステップ］**

**1…現状の課題を把握する**

「時間投資マトリックス」で、現状の時間の使い方を「消費・浪費・投資・空費」の四つに分類して把握することで課題が明らかになります。

**2…やらないことを決める**

時間管理でもっとも重要なステップです。投資対効果の観点から見て、不必要なことをやめることが時間を生み出すのに一番効率のいい方法です。

**3…人に任せることを決める**

すべてを自分でやろうとせず、自分の得意なことに集中して時間を使い、その報酬を元に他者の時間と交換することで、時間管理はさらに効率化します。プロのアウトソースを活用したり、会社組織の中で出世して部下に任せるなどの方法があります。

**4…自分しかできないことを効率化する**

手帳の活用・健康な生活習慣の確立・他人の強制力の利用・住居の場所の見直し・移動時間の見直し・家事や生活時間の見直し・ITの活用――こうしたテクニック一つ一つで時間の効率化をさらに積み重ねましょう。

**5…新しい動き方を統合的に実践する**

新しい方法を取り入れても、人は古いやり方や考え方に戻ってしまいがちです。
「時間の投資で生まれた時間は再び投資する」「すきま時間は常に手帳を見る」「予定と現実のギャップの理由を考える」「時間管理の効果を測定する」「常にカイゼンし続ける」といった方法を心がけることで、新しい方法を定着させ、よりよい方向に向かうことができます。

年収10倍アップ
時間投資法
# 実践編

# 5 実践ケーススタディ❶
## 時間効率10倍アップを目指して手帳を使いこなす

ここからは、ケーススタディで、手帳の使い方について学んでいきましょう。

### 手帳はあなたの時間のコントロールタワー

ここまでの本文で「手帳」という言葉が何回出てきたと思いますか？　数えてみると、その数なんと六十三回です。ほぼ三ページに一回はどこかに「手帳」という言葉が入っていたということです。それほど、時間投資には、手帳が大切なのです。逆に言えば、手帳が使いこなせれば、時間投資の具体的実践方法は、ほぼマスターできたと考えてもいいでしょう。

ここからは、具体的な手帳の「書き込み方」「フォーマットの使い方」について、私がお勧める方法を説明していきます。一つ一つ確認しながら読んでください。本書の読者のために私が設計した『年収10倍アップ手帳』のフォーマットを使いながら説明していきます。

使い方の中で重要な点については、基礎編で一度ふれたことについても繰り返しているところもありますが、ぜひその部分は「もうすでに知っている」と読み飛ばさずに、自分の時間の使い方の再確認に使ってください。

かといって、必ず『年収10倍アップ手帳』を使わなければならないということではありませんから、ご安心ください。使い慣れたお気に入りの手帳を使っていただいて、私のアイデアの中で取り入れられるところを取り入れてもらえればと思います。

さて、ここでもう一度「手帳の役割」について復習しておきましょう。

**❶手帳はスケジュールを書き込むためだけのものではない。**
**手帳は、自分の目標と時間を管理するためのコントロールタワーである。**

**❷時間は積極的に管理すること。**
**手帳にアポイントを書き込むだけのような受動的管理をしてはいけない。**

**❸手帳に目標を書くと実現しやすくなる。**

**なぜなら、無意識のうちに目標を実現するように行動を修正するようになるからである。**

**❹すきま時間には「いつでもどこでも」手帳を見るクセをつける。**
**手帳こそが私たちの時間の帳簿である。**

**❺手帳を使って、時間の予実管理を行うこと。予定と現実のギャップは生じて当たり前、**
**問題はギャップに対してどうやって行動の修正を行うかである。**

ここで扱う「手帳」とは、「紙の手帳」のことです。「紙の手帳」を前提に、説明していきます。ただし、私は「紙の手帳」のほかに、ウェブ上のスケジューラーを補完的に併用しています。両方を、うまく使い分ければいいでしょう。

ウェブ上のスケジューラーには、私はGoogleカレンダーを使っています。動きが軽く、検索がしやすく、表示方法なども比較的きめ細やかに決めることができるためです。

**◎Googleカレンダー http://calendar.google.com/**

さて、これから、具体的な手帳の使い方を五つのステップに分けて説明していきます。

## 手帳の使い方1　現状の時間を振り返る

もうおなじみとなった「時間投資マトリックス」を見ながら、あなたの現状の時間の使い方を振り返ってみましょう。

この本の基本的な考え方は、「Ⅱ浪費の時間」と「Ⅳ空費の時間」を抑えて、そして「Ⅲ投資の時間」を増やすことで「Ⅰ消費の時間」を効率化するということでした。

一般的な手帳には、「Ⅰ消費の時間」と「Ⅱ浪費の時間」については書き込む欄がたくさんあります。また、「Ⅰ消費」と「Ⅱ浪費」の重要度の違いについても、ＡＢＣでランクづけをして管理する方法などが開発されています。

しかし、**一般の手帳の問題点は「Ⅲ投資の時間」や「Ⅳ空費の時間」については管理できていない、ということ**です。

しかし、時間を有効に使うためにもっとも重要なのは、いかに「Ⅲ投資の時間」に時間を割り振るか、そして投資の効果をどうやって測定するのか、ということです。

だからこそ、「Ⅰ消費の時間」「Ⅱ浪費の時間」だけではなく、「Ⅲ投資の時間」「Ⅳ空費の時間」も手帳で目に見えるようにしないといけないのです。

なぜなら、**見えないものは自覚できない、自覚できないものは管理できない**ためです。

## 消費と投資のバランスを手帳で視覚化する

消費と投資のバランスをとるとは、ほとんどの人にとっては、要するに「投資の時間」を増やすことです。そのために必要なことは、たった二つです。

1　投資の時間を増やすための原則を知る（＝「黄金の時間の5原則」）
2　その原則を毎日の具体的な行動に移し実行する（＝「5つのステップ」）

『年収10倍アップ手帳』では、時間のバランスを毎週チェックするためのリスト「時間投資マトリックス」を用意しました。別の手帳を使う場合は、手書きでも、パソコンでもかまいませんので、線を二本引いて同じものをつくってみてください。

四つのボックスそれぞれに、今自分がやっていることをすべてプロットしていきます。「自分が何にどのぐらいの時間を使っているか」を目で見えるようにするわけです。

具体的な時間数まではなかなかわからないと思いますので、それぞれのボックスにどのぐらいの割合を費やしているかを、パーセンテージで考えるといいでしょう。

自分のふだんの行動すべてを、この時間投資マトリックスに書き込んで、それぞれの割

**あなたの現状のマトリックス**

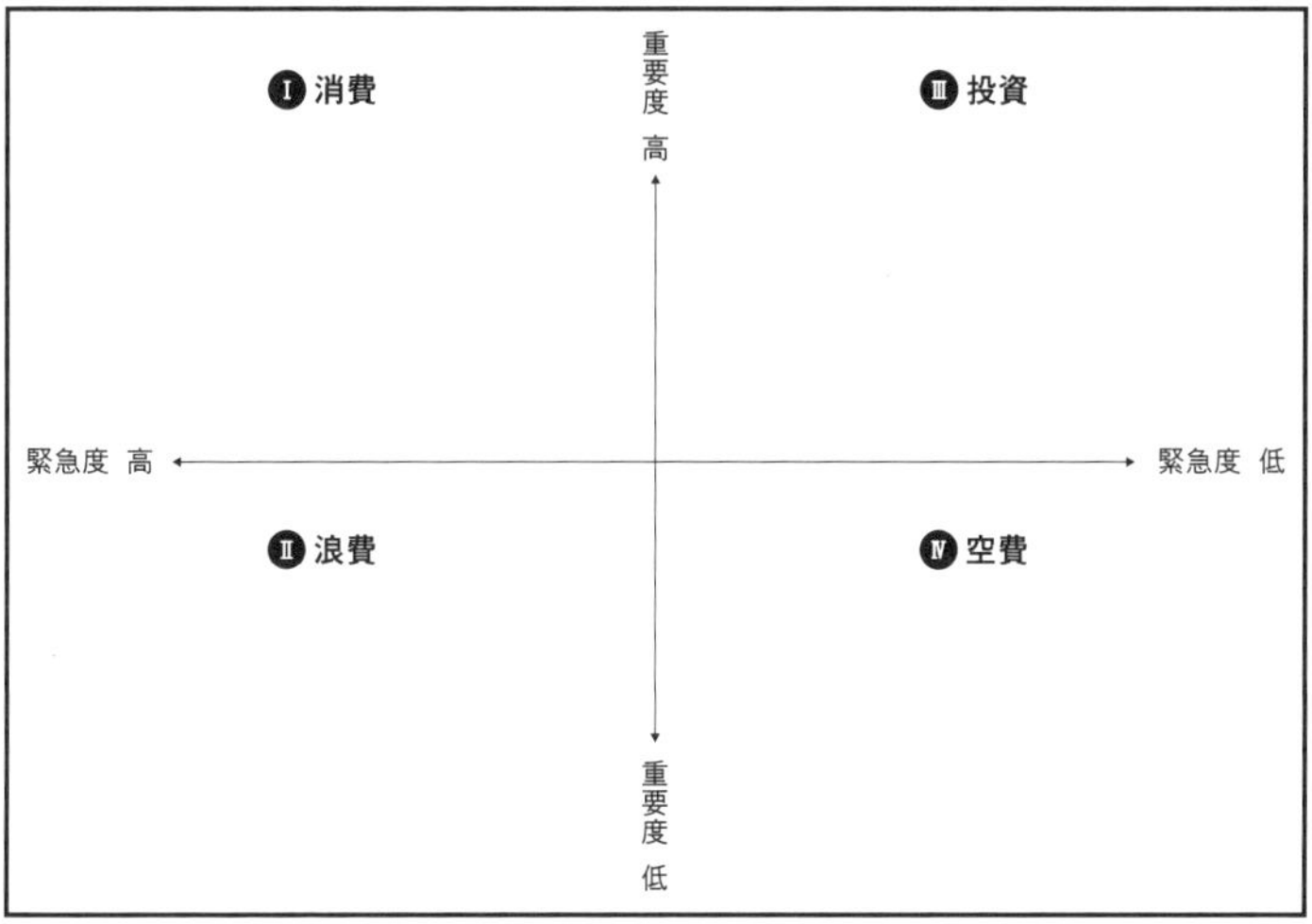


**それぞれのボックスに入る項目**

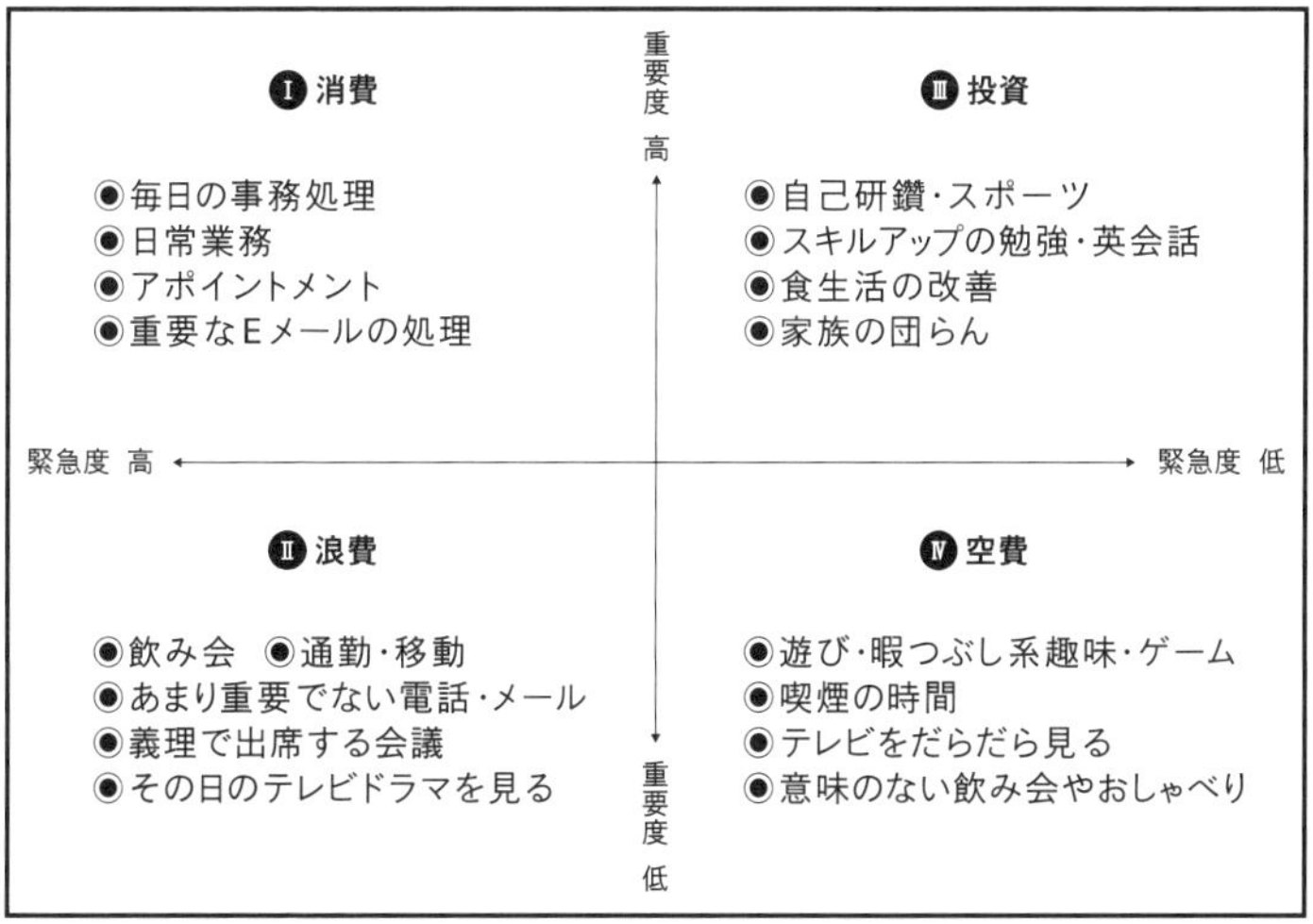

合をイメージしてみてください。

どうでしょうか。

一般的な人で「消費の時間」に六〇%、「浪費の時間」に二〇%、「空費の時間」に一〇〜一五%、本当に大事な「投資の時間」は五〜一〇%ぐらいではないでしょうか。

これは、あなたが満足できる状態でしょうか?

## 手帳の使い方2　理想の状態をイメージする

では、理想的な状態をイメージしてみましょう。思い出してください。一番不足しているのは「投資の時間」でしたね。

理想的には、「投資の時間」に三〇%ぐらいは使ったほうがいいでしょう。そして、日常的な「消費の時間」は五〇%ぐらいに抑えます。重要ではない「浪費」や「空費」はせいぜい一〇パーセントずつぐらい。

そうすると、重要と非重要が八対二になり、重要な八の中身は、緊急対非緊急が五対三ぐらいになります。こういう状態になると、なんとなく自分の一日が充実している感じが出てくるはずです。

一般的な現状の比率

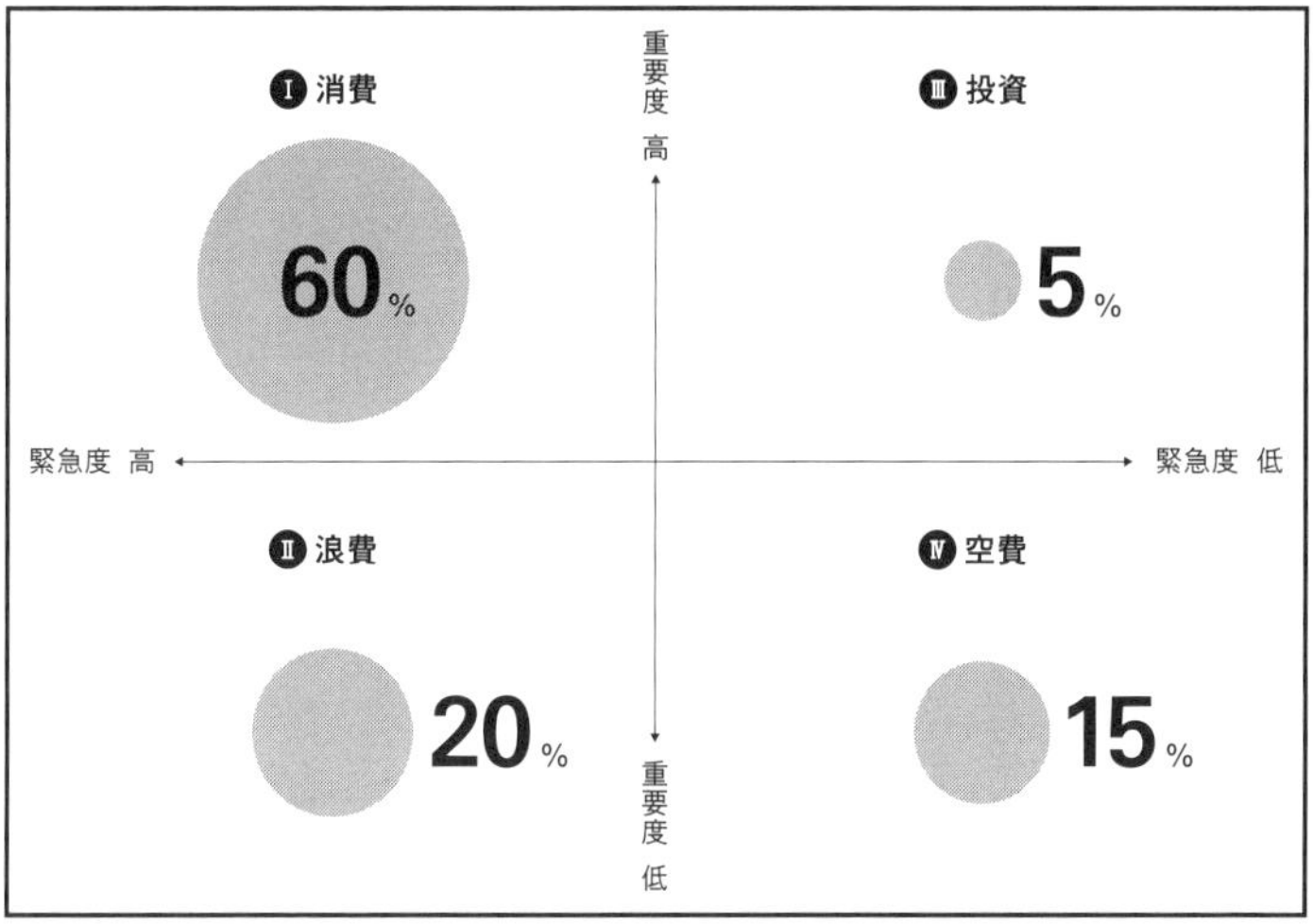


理想の比率

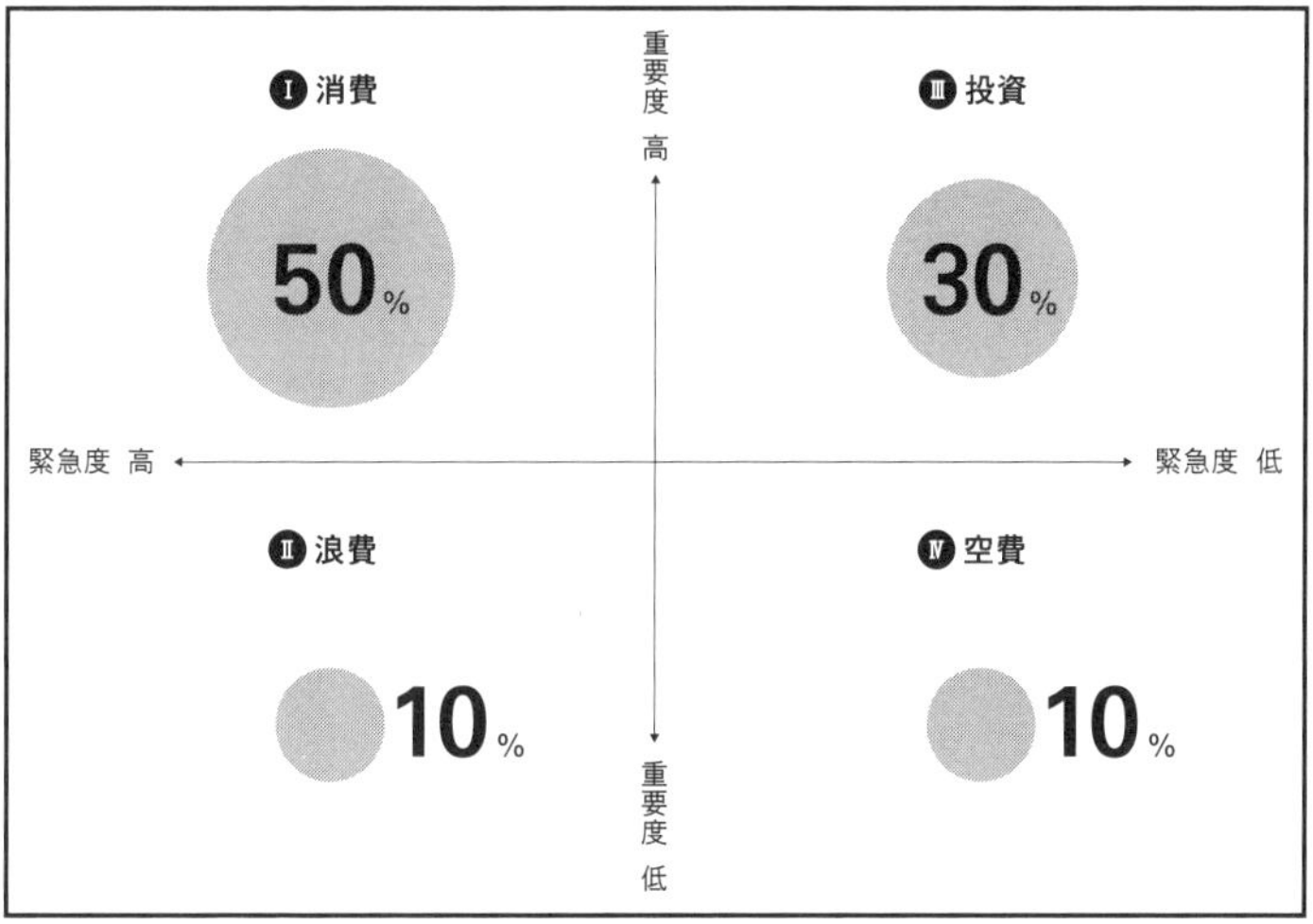

## 理想のマトリックスをつくるには

理想のマトリックスをつくるための原則は――、

**◎優先順位をはっきりさせて**

**◎目の前の雑事にとらわれずに**

**◎長期的にやるべきことをやる**

――こうした習慣をつけ、ムダな時間を減らすことです。

そして、もう一つのポイントは、**同じ行動を続けるなら、その位置づけをちょっとした工夫で変えてしまうこと**です。

まず、一番減らしやすいのは「II浪費の時間」です。ここでは、時間泥棒を退治していきます。

多少の不義理には目をつぶり飲み会を削るなど、お酒をだらだら飲む時間を減らすと、一気に効果が上がる実感があるはずです。

あるいは、どうせ飲むなら、部下とコミュニケーションをとるとか、仕事上のおつきあいのある人とディナーをするとか、そういう方向に持っていけば、お酒を飲みながらでも将来への「Ⅲ投資の時間」とすることもできるわけです。

移動時間も「Ⅱ浪費の時間」ですが、「通勤電車の中で本を読む」、「移動しながらMP3プレーヤーで学習する」、「電車の中でつま先立ち運動をする」といった工夫をすれば、「Ⅲ投資の時間」に変えることができます。

このように**行動を大きく変化させずに、「Ⅱ浪費の時間」を「Ⅲ投資の時間」に変える方法を考えるといい**のです。

次に「Ⅳ空費の時間」です。これをゼロにしなさいとは言いませんが、使ったあとに悔やんでしまうような時間であることには変わりありません。ここを「Ⅲ投資の時間」に変えるほうが充実感はずっと高まるはずです。

だらだらテレビを見る代わりに、水泳かジョギングでもすれば、リフレッシュできる上、体力づくりという「Ⅲ投資の時間」になります。家族で一緒に遊ぶ時間にすれば、これも家族の絆を深めるという「Ⅲ投資の時間」になります。

つまり重要なのは、何をするのであれ「時間をコントロールできている」と断言できるように、時間を使うことです。

## 手帳の使い方3　中長期目標を立てチャンクダウンする

「Ⅰ消費の時間」にあたる「重要かつ緊急なこと」というのは、特に目標を立てなくても、誰でも行うことですから、ここで重要なのは――、

**◎単位時間あたりの生産性を上げる道具の購入**
**◎技術の習得**
**◎基本的な自己研鑽**
**◎出世や転職によって、そもそも仕事の基本的な生産性を上げてしまう**

――といったことになります。

つまり「Ⅰ消費の時間」を減らすためには、「Ⅲ投資の時間」が必要となるわけですが、それは「緊急ではない」ことなので、ほうっておくと、どうしても後回しにされ、いつまでたっても実行されません。

### ❶中長期目標を立てる

「Ⅲ投資の時間」こそ、中長期目標と、日々の行動計画が必要です。理想の時間投資マトリックスの「Ⅲ投資の時間」に書き込んだことをよく見て、一年の目標を立てましょう。

## ❷チャンクダウンする

中長期目標を立てたら、次にそれを具体的な行動レベルに落とし込んでいくわけですが、これにはチャンクダウンという作業が必要です。チャンクダウンとは「具体的なものに分解する」ということです。

たとえば「二〇〇八年中に今の部署で売上高トップの営業マンになる」という目標を設定してみましょう。もし、あなたが今トップではなく、これまでの成績から考えて、今の方法ではトップになれないということがわかっていたとします。

そうすると、なんらかの形で時間の使い方を変えないといけないのです。

トップ営業マンになるために自分に欠けていることを左記の三つに分解してみました。

1　数字に強くなる——直感的に利益を計算でき、お客様に提案ができるようにする。

2　話術を磨く——相手の話を傾聴しつつ、自分の意思をしっかりと伝えて、クロージングができるようにする。

3　商品知識を蓄える——自社の商品だけではなく、同業他社や類似商品についても調べる。売るだけではなく開発面にも貢献できるようにする。

次に、1～3をそれぞれ分解していきます。1を分解してみましょう。以下の三つのように分解できます。

A 自社の商品・サービスのコスト構造と限界利益を理解する。
B 商品・サービス導入によるお客様のメリットを数値化する。
C 自分自身が出している利益と使っているコストを計算できるようにする。

ここまで分解できれば、行動に移すのは難しくありません。上記のAを実現するためには、以下のようなアクションが必要になります。大事なことは、具体的な行動の単位まで落とし込むことです。

a 自社の事業の損益計算書と貸借対照表を入手する。
b 原価計算ができるようになるため、工業簿記2級のコースに申し込む。
c エクセルで回帰分析ができるように入門書を買う。
d 経理担当者と月に一回、ランチをする。

## あなたの目標のチャンクダウン

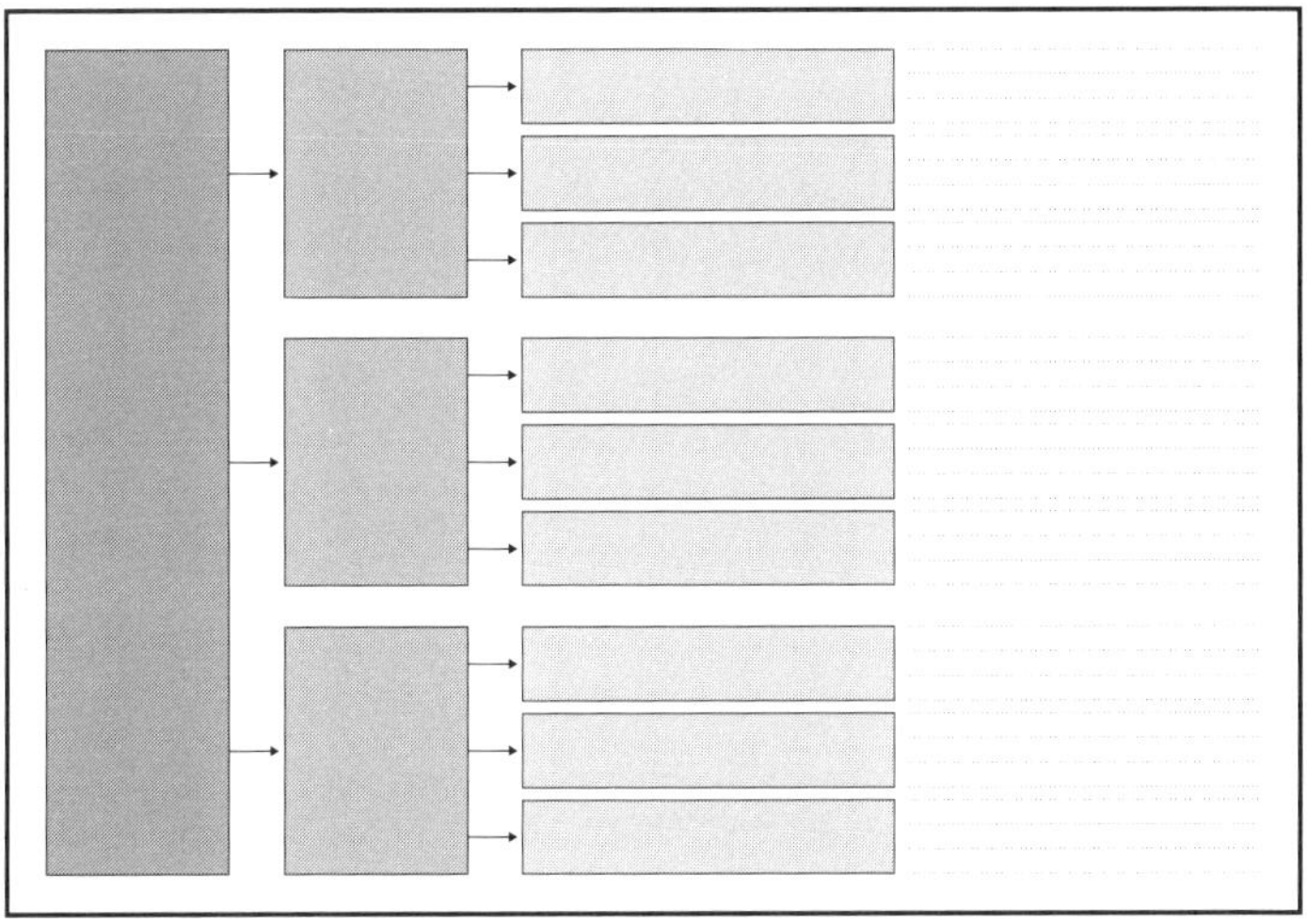

## 記入例

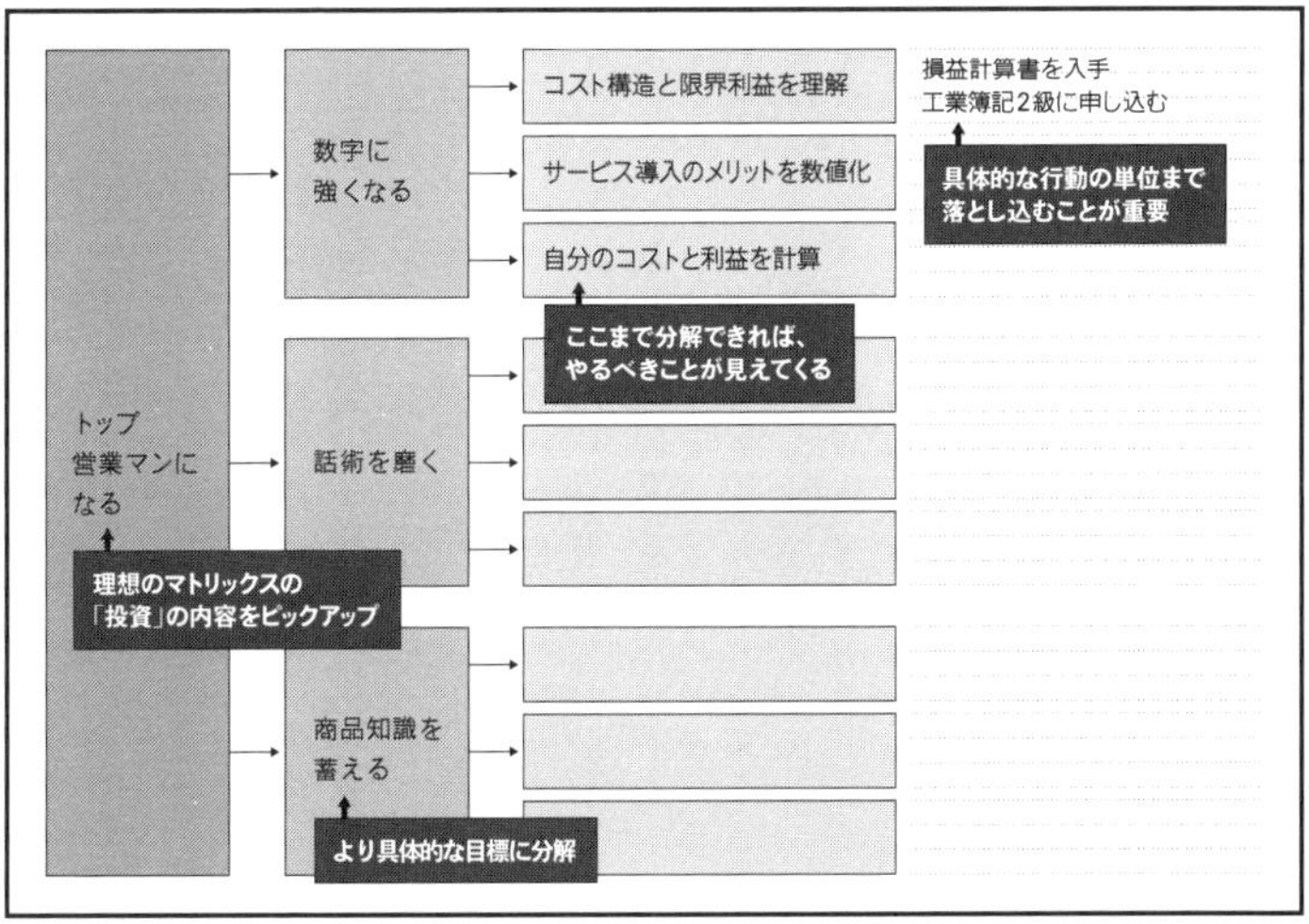
トップ営業マンになる
理想のマトリックスの「投資」の内容をピックアップ
数字に強くなる
話術を磨く
商品知識を蓄える
より具体的な目標に分解
コスト構造と限界利益を理解
サービス導入のメリットを数値化
自分のコストと利益を計算
ここまで分解できれば、やるべきことが見えてくる
損益計算書を入手
工業簿記2級に申し込む
具体的な行動の単位まで落とし込むことが重要

## 手帳の使い方4　投資のための行動をスケジュールに落とし込む

チャンクダウンで具体的な行動が定まったら、それをスケジュールに落とし込みます。とにかく重要なのは「手帳に計画を書き込む」ことです。**目標に対して、どのように自分の時間を割り振るかを決めて、この先半年分ぐらいは、手帳に書き込んでしまいましょう。**

現状では「手帳にはアポだけが記入してある」という人も多いと思いますが、「手帳には先に計画を書き込んで、アポは空いている時間にあとから入れる」のです。

たとえば、「午前中はゴール達成のための資料づくり」とか、木曜日の夜は「スキルアップのための勉強」というように、自分のために時間をブロックしてしまうわけです。

こうすることで、「消費の時間」ばかりに追われるのではなく、「投資の時間」を増やすことができます。

とにかく**「最初に、手帳に『Ⅲ投資の時間』の予定を書いてしまうこと」**が大切です。

『年収10倍アップ手帳』には月間の時間投資マトリックスもありますから、まず月初めに理想のマトリックスを作成し、月末には実際の達成度を記入してみて、そのギャップをしっかり認識して翌月に生かしましょう。

［記入例］ 今月の目標

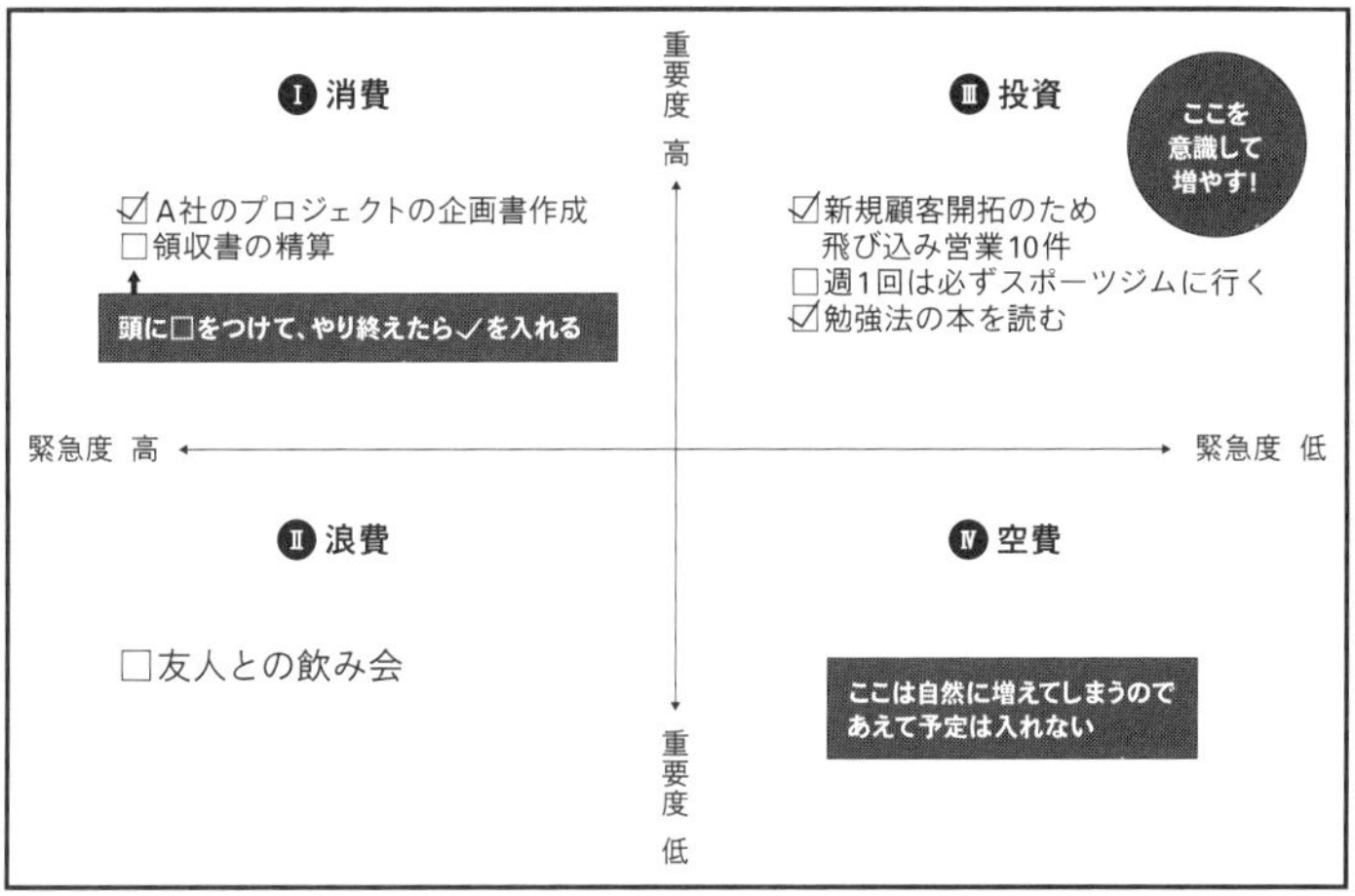


［記入例］ 今月の達成度

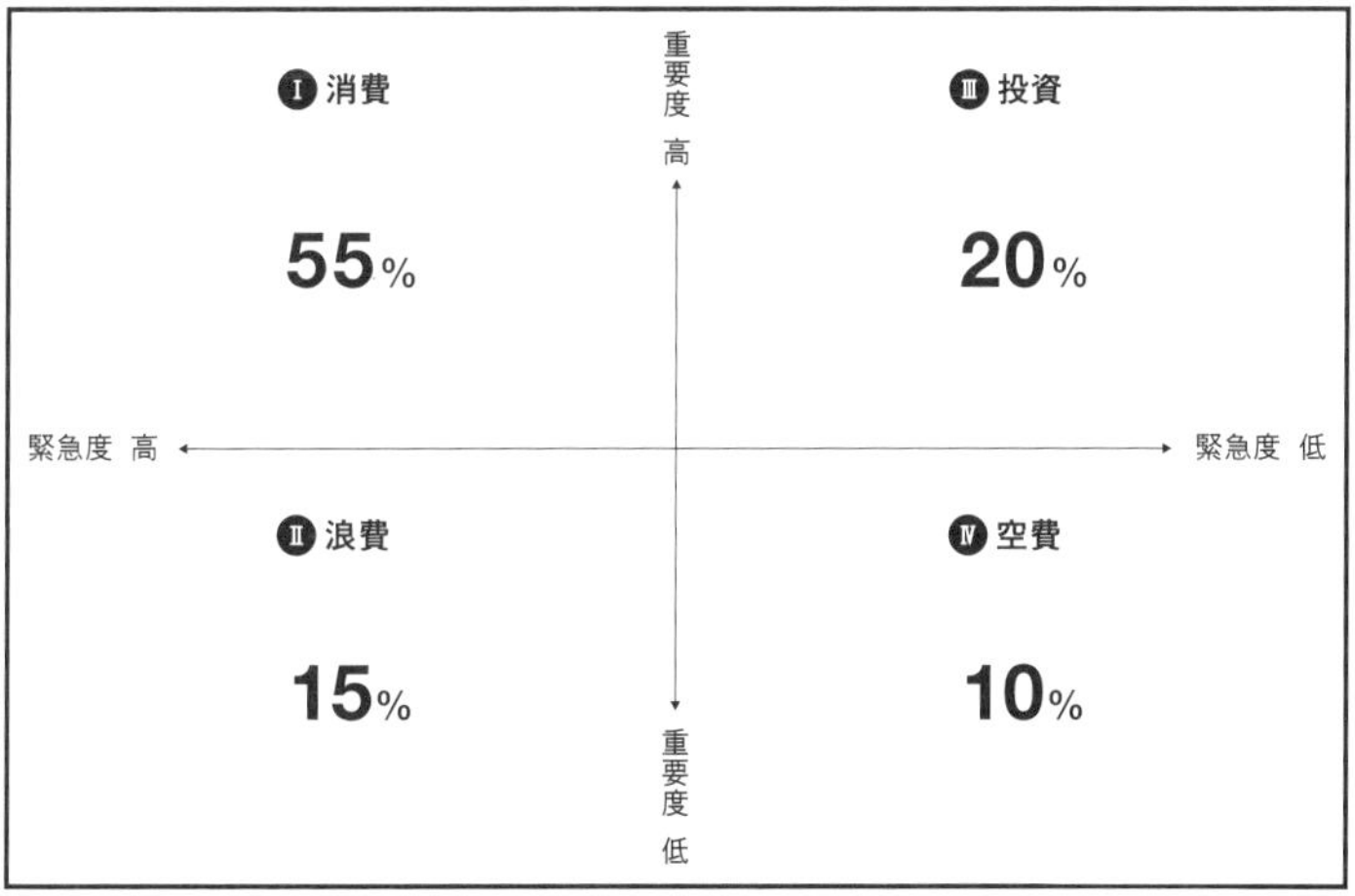


**月末には達成度を数値化してみよう。これを常にイメージできることが重要！**

## 手帳の使い方5　一週間単位でPLAN-DO-CHECKのサイクルを回す

次に、一週間のスケジュールを考えます。

ここでも週の頭には、「今週の目標」として、理想の時間投資マトリックスをつくります。それをチャンクダウンして、毎日のスケジュールに書き込んでいきます。

その日のうちに終わらせるべきことは、「ＴＯ ＤＯリスト」に記入します。

週末には、一週間を振り返り「今週の達成度」を書き込んでいきます。このマトリックスは時間管理上、特に重要です。ただし、あまり厳密に行おうとしないこと。大切なのはイメージです。常にマトリックスをイメージするだけで効率はかなり違ってくるはずです。

週末の振り返りで大切なのは、「予定と現実のギャップを見る」ことです。予定を立ててもできないことは、できなかった理由を考えて、対策をとりましょう。

また「予定どおりできなかったこと」は二割以上つくらないようにしましょう。多少の変動があるのはしかたがありませんが、「今週の目標」として予定したものはすべて「自分との約束」と考え、八〇～九〇％は守るようにしましょう。

逆に、常に一〇〇％こなしているというのもだめでしたね。なぜかというと、それはス

## 1週間のスケジュールの立て方

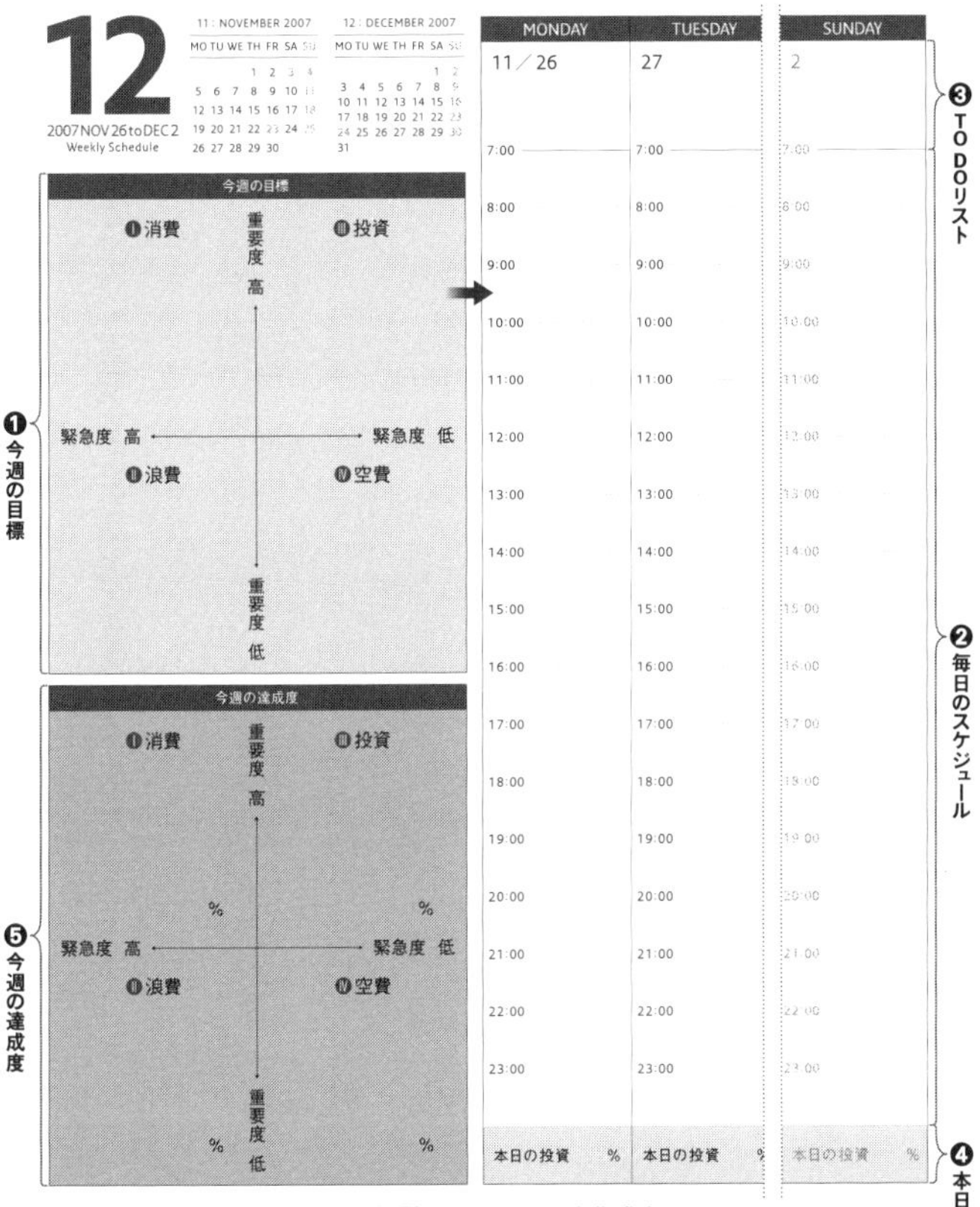


❶今週の目標：週の頭に理想の時間投資マトリックスを作成する。

❷毎日のスケジュール：「今週の目標」をチャンクダウンにして書き込む。

❸TO DOリスト：その日のうちに終わらせるべきことを記入する。

❹本日の投資：毎日の「投資」の比率をイメージして記入する。

❺今週の達成度：達成度をイメージして数値化、目標と現実のギャップを見る。

ケジュールが甘いということだからです。つまり余裕がありすぎる可能性があるのです。

## 手帳は望みを確実に実現するための必携ツール

このように手帳を有効活用できてくると、ある一つのことに気づくはずです。

それは、「手帳を使えているときほど、アウトプットが多く、時間の余裕がある」ということです。逆に、毎日の生活に追われて、手帳を見直す暇もなくなってきますと、毎日ばたばたしている割に、たいしたことができません。

私は手帳とは、時間の帳簿であり、かつ自分の人生の記録《ログ》だと思っています。すなわち、手帳は生き方の映し鏡でもあるのです。

人生が秩序よく動いているときには、手帳の内容も秩序よく、まとまっています。

一方、忙しくて手帳の中身がスカスカなときは、実は成果もスカスカなわけです。

だからこそ、手帳には自分の「将来の予定」を書きます。

注意してください。ここに書くのは「夢」ではなく「予定」です。「夢」と「予定」の違いは何でしょうか？　それは、そこに至る道のりが具体的な活動としてイメージでき、チャンクダウンできているかどうかです。

「将来の予定を達成するために、自分のために自分でつくるガイド」それが手帳です。そのときに常に意識するのは「いかに仕組み化をするか」ということです。反復作業を避け、効率化することで、結果的に楽にいろいろなものを手に入れられるのです。

「手に入れられるもの」は、お金とか名声といった即物的なものだけではありません。「精神的・肉体的な余裕」であり、「幸福感」であり、「大事な人たちとのふれあいの時間」です。

何かのご縁があって、この本を手にとってくださったあなたにも、きっと、同じような「10倍のごほうび」がやってくると思います。

## 6 実践ケーススタディ❷

### 勝間式時間投資法〜ある夏の一週間のスケジュール

最後のケーススタディとして、私の二〇〇七年夏のある一週間のスケジュールをご紹介します。あわせて、具体的にどの辺に工夫をしているのかを説明していきます。ぜひ、一緒に時間の生み出し方を探してみてください。

**月曜日**（Ⅰ消費…20％／Ⅱ浪費…15％／Ⅲ投資…65％／Ⅳ空費…0％）

**7時〜7時40分**　**子どもの学童のお弁当をつくる。子どもと話をしながら、朝食を一緒に食べる。**（Ⅲ投資）

ポイント…◉ご飯は玄米一〇〇％で、子どもと一緒に健康増進。／◉学童のお弁当のおかずを朝食兼用に。朝から栄養バランスOK。／◉身支度で迷わないようブランドを統一、化粧方法も手順を改善。

**7時40分〜8時**　**自転車移動3キロ。**（Ⅲ投資）

ポイント…◉地下鉄だと四十分かかるが自転車なら十五分。／◉坂だらけの道なので、しっかりとした運動になる。／◉自転車にはナビを常備。道に迷う心配なし。／◉心拍計で運動の記録をとる。カロリー計算も自動で記録。

**8時～9時30分**　**歯医者に到着。定期診断と歯のクリーニング。**（Ⅲ投資）

ポイント…◉定期診断で将来の病気のリスクを下げる。／◉個室・完全予約制の歯科医で時間を短縮。保険は利かないが、年末に医療費控除を申請すれば、保険診療の倍ちょっとの負担となる。歯医者は積極的に個人負担でかかる。

**9時30分～10時**　**自転車移動2キロ。**（Ⅲ投資）

**10時～11時30分**　**出版社で雑誌の取材を受ける。**（Ⅰ消費）

ポイント…◉歯医者の終了時間に合わせて取材の予定を入れてもらう。

**11時30分～12時**　**自転車移動3キロ。**（Ⅲ投資）

**12時～14時30分**　**スポーツクラブのある街に移動。カフェで昼食をとりながら原稿を書く。**（Ⅰ消費）

ポイント…◉自転車のナビに、空いていて気持ちのよい禁煙のカフェをなるべく多く登録しておく。／◉ノートパソコンの替えの電池を一～二本持ち歩きバッテリー切れに備える。／◉携帯電話はサイレントモード。MP3プレーヤーでオーディオブックを聞いて、邪魔が入らないようにする。

**14時30分～16時30分**　**スポーツクラブに徒歩で移動。パーソナルトレーナーからトレーニングを受ける。**（Ⅲ投資）

ポイント…◉運動を自己流でやると、続かなかったり、体を痛めるおそれがあるので専門家についてもらう。／◉定期的に筋肉量、脂肪量、最大酸素摂取量などをチェックし、費用対効果を計測し続ける。

**16時30分～17時10分**　**自転車移動8キロ。**（Ⅲ投資）

**17時30分～19時**　**早稲田大学会計大学院で授業の講師を務める。**（Ⅰ消費）

ポイント…◉スポーツクラブから大学までの八キロ移動も運動になる。／◉学生に教えることで、学生のわからないポイントを知る。新しい本や教え方のアイデアになる。

**19時〜19時40分**　**自転車で8キロ移動。帰宅。**（Ⅲ投資）

**20時〜21時**　**子どもと一緒に夕食。**（Ⅲ投資）

ポイント…◉学童のお迎え、夕食の準備、簡単な洗濯をベビーシッターさんに依頼。家に帰ったら夕食の準備はできている。

**21時〜23時**　**子どもたちと話をしながら、リビングでメールの整理と家事をする。**（Ⅲ投資）

**23時**　**入浴、就寝。**

ポイント…◉一日で自転車に24キロ、2時間強乗っているので寝つきはいい。／◉快眠プログラムマットでさらに寝つきをよくする。

## 火曜日（Ⅰ消費…50％／Ⅱ浪費…20％／Ⅲ投資…30％／Ⅳ空費…0％）

**7時〜8時**　**子どもの学童のお弁当づくり、朝食。**（Ⅲ投資）

**8時〜11時**　**自宅で、英文の会計学の論文や理論書の読書。速読で読みマインドマップにまとめる。**（Ⅲ投資）

ポイント…◉翻訳ソフト＋フォトリーディング＋マインドマップで時間短縮。

**11時〜11時20分**　**自転車で2キロ移動。**（Ⅲ投資）

**11時30分〜12時30分**　**外資系金融機関の女性社員向けランチョン・セミナーのスピーカーとして招かれる。**（Ⅰ消費）

ポイント…◉外資系金融機関の女性活用の先進事例にふれることで、知識も同時に深まる。

**12時30分〜13時**　**自転車で5キロ移動。**（Ⅲ投資）

**13時～23時**　**経営する投資顧問会社でパートナー数人と、経済・株式・金融の集中分析を行う。**（Ⅰ消費70％、Ⅱ浪費30％）

ポイント…◉週2～3日集中して分析をする日を決めることで、移動時間をなくし効率を上げる。／◉ランチ、夕食共に打ち合わせをしながらとることで時間効率を上げる。

**23時～23時40分**　**自転車で6キロ移動。帰宅。**（Ⅲ投資）

**23時40分～0時10分**　**メールの返信をしてから、就寝。**

ポイント…◉集中的に仕事をする日は、メールの返事は最低限に抑える。

**水曜日**（Ⅰ消費…25％／Ⅱ浪費…15％／Ⅲ投資…50％／Ⅳ空費…10％）

**7時～8時**　**子どもの学童のお弁当づくり、朝食。**（Ⅲ投資）

**8時～9時40分**　**請求書の作成、入金確認、税金の振込など雑用を集中して行う。**（Ⅱ浪費）

ポイント…◉前日、集中して仕事をしたので、午前はやや軽めの仕事にあてる。／◉作業はなるべくインターネットで行う。請求書はテンプレートとラベルを用意しておく。

**10時～11時**　**近所のカフェに徒歩で移動、雑誌の取材を受ける。**（Ⅰ消費）

ポイント…◉近所で写真撮影ＯＫの静かなカフェを開拓しておく。移動時間も削減でき取材もスムーズ。

**11時～13時**　**カフェに残って食事をしながら、メールチェック及び月刊誌連載の原稿を執筆。**（Ⅰ消費50％、Ⅱ浪費50％）

ポイント…◉移動をなるべく減らすことで、時間を有効活用する。

**13時～13時40分**　**徒歩で3キロ移動。**（Ⅲ投資）

ポイント…◉オーディオブックを聴くことで投資の時間になる。／◉自転車ばかり乗らずに徒歩を適度に日常生活の運動に入れる。／◉バスや地下鉄でもほぼ同じ時間がかかるため、3～4キロなら徒歩で移動する（ただし、オーディオブックを持っているときのみに限る）。

| | |
|---|---|
| **14時～16時30分** | **ネイルサロンで手足にデザイン・ネイルをする。**（Ⅱ浪費50％、Ⅳ空費50％） |

ポイント…◉きれいな爪を見ることで1週間、明るい気分でいられる。／◉徒歩で往復することで、デザイン・ネイルを壊してしまうリスクを減らす（将来の時間の節約）。／◉手のほうが早く終わるので、パソコンを持ち込む。足が乾くのを待つ間、たまったメールやブログ、ニュースなどに使う。

| | |
|---|---|
| **16時30分～17時10分** | **徒歩で3キロ移動。**（Ⅲ投資） |
| **17時30分～20時** | **自宅で長女と合流。一緒に三女を学童に迎えに行き、そのまま3人で地下鉄で3駅乗って、ボリショイサーカスを見る。**（Ⅲ投資） |

ポイント…◉都心に住むことで、子どものイベントに短時間で出かけられる。

| | |
|---|---|
| **20時30分～21時30分** | **自宅で子どもと夕食。**（Ⅲ投資） |

ポイント…◉平日は自宅で夕食をとったほうが、栄養バランスがとれる。子どもたちの疲れも少ない。

| | |
|---|---|
| **21時30分～23時** | **自室で読書。**（Ⅲ投資） |

ポイント…◉フォトリーディングで20～30分で1冊読める。1時間半あれば、3～5冊は読書ができる。

| | |
|---|---|
| **23時** | **入浴、就寝。** |

**木曜日**（Ⅰ消費…30％／Ⅱ浪費…10％／Ⅲ投資…50％／Ⅳ空費…10％）

| | |
|---|---|
| **7時～8時** | **子どもの学童のお弁当づくり、朝食。**（Ⅲ投資） |

**8時〜9時30分**　**ハーブティーを飲む、JOBAに乗る、ストレッチ、小説を読む——など、ゆったりとした時間をとる。**（Ⅳ空費）

ポイント…◉同じ作業が続いたり、同じ神経だけ使うと、体の一部だけが緊張する。定期的に頭の違う部分を使って、リラックスをするようにしている。

**9時30分〜10時**　**自転車で5キロ移動。**（Ⅲ投資）

**10時〜12時**　**内閣府の専門委員会に出席。**（Ⅰ消費）

ポイント…◉時間短縮のためロードバイクで出席。ただし、最初の頃はしばしば守衛さんにバイク便と間違えられる。

**12時〜13時30分**　**他の委員の先生方とランチ、情報交換。**（Ⅲ投資）

ポイント…◉労働経済学やキャリア論の先生方と議論することで、新しい考え方を手に入れる。本や論文を読むよりも圧倒的に速い。

**13時30分〜14時**　**自転車で4キロ移動。**（Ⅲ投資）

**14時〜19時**　**投資顧問業の顧客先とミーティングを行い、週次計画を作成。**（Ⅰ消費70%、Ⅱ浪費30%）

ポイント…◉出席者全員で通信機能つきのノートパソコンを持ち寄る。その場で検索しながら議論するので、スムーズな情報交換が可能になる。

**19時〜19時20分**　**自転車で3キロ移動。**（Ⅲ投資）

**20時〜21時**　**子どもと一緒に夕食。**（Ⅲ投資）

**21時〜23時**　**子どもたちと話をしながら、新しい財務分析スコアリングのモデルの論文査読、プロトタイプ開発。**（Ⅲ投資）

ポイント…◉将来の自分の仕事がより楽になる仕組みは、常に開発しておく。

**23時**　**入浴、就寝。**

**金曜日**（Ⅰ消費…30％／Ⅱ浪費…10％／Ⅲ投資…40％／Ⅳ空費…20％）

**7時～8時**　**子どもの学童のお弁当づくり、朝食。**（Ⅲ投資）

**8時10分～9時**　**自転車で9キロ移動。**（Ⅲ投資）

**9時～11時**　**出版社に行く。編集者と執筆中の金融の新書の原稿の最終的な取りまとめをする。**（Ⅰ消費）

ポイント…◉執筆業も時間をためることができる仕事の一つ。最初に大きな初期投資をしてコンテンツを仕上げれば、順調に書籍が売れれば、その後の収入が確保できる。

**11時～11時40分**　**自転車で7キロ移動。**（Ⅲ投資）

**11時40分～12時20分**　**株式の専門番組に生出演。**（Ⅰ消費）

ポイント…◉継続して複数のメディアに出演すると「消費の時間」が、ほかの収入を稼ぐための「投資の時間」を兼ねるようになる。

**12時20分～12時40分**　**自転車で2キロ移動。**（Ⅲ投資）

**12時40分～14時**　**少し遅めのランチを友人の数学者とゆっくり食べながら、情報交換。**（Ⅲ投資）

ポイント…◉異業種でおもしろい活動をしている専門家と話をすることで、新しい視点を知り刺激を受ける。

**14時～16時30分**　**早稲田大学ファイナンス研究科が主催するキッズ・マーケット・キャンプという小中学生向け金融教育学校の先生をする。**（Ⅰ消費70％、Ⅱ浪費30％）

ポイント…◉自分が楽しいと思える仕事の時間を増やしていく。

**16時45分～18時**　**顧客と会計セミナー開催について打ち合わせ。**（Ⅰ消費70％、Ⅱ浪費30％）

| | |
|---|---|
| **18時〜18時30分** | **自転車で3キロ移動。**（Ⅲ投資） |
| **18時30分〜21時30分** | **親友たちと自然食や英語の新しい学習法の話をしながら夕食。**（Ⅲ投資50％、Ⅳ空費50％） |

ポイント…◉自分と同じ情報感度を持った友人と定期的に会って情報を共有し、専門的なアドバイスをしあう。各人の時間効率化になる。／◉誰もお酒を飲まないので、愚痴になることはない。

| | |
|---|---|
| **21時30分〜22時** | **自転車で4キロ移動。**（Ⅲ投資） |
| **22時〜24時** | **ネットで次週の食材を発注。たまったメールの返事、ブログ更新、足湯など。**（Ⅲ投資50％、Ⅳ空費50％） |

ポイント…◉少しゆったりと静かな時間を過ごす。／◉迷っていた買い物とか、情報検索もこの時間に行う。

| | |
|---|---|
| **24時** | **入浴、就寝。** |

## 土曜日（Ⅰ消費…0％／Ⅱ浪費…0％／Ⅲ投資…90％／Ⅳ空費…10％）

| | |
|---|---|
| **9時〜9時50分** | **お弁当づくりがないので遅めに起床、子どもと朝食。**（Ⅲ投資） |
| **9時50分〜10時** | **子どもとキックボードで歯科医に移動。**（Ⅲ投資） |
| **10時〜10時30分** | **子どもを定期歯科検診へ。**（Ⅲ投資） |

ポイント…◉子どものけがや病気は時間が圧迫される元。なるべく予防に時間を使っておく。

| | |
|---|---|
| **10時30分〜10時40分** | **子どもとキックボードで歯医者から帰宅。**（Ⅲ投資） |
| **11時15分〜11時30分** | **自転車で1・5キロ移動。**（Ⅲ投資） |

| | |
|---|---|
| 11時30分～13時 | 慶應義塾大学にゼミの恩師を訪ねて、博士課程の近況報告。（Ⅲ投資） |

ポイント…◉休日のランチは時間もたっぷりとれるので、長めのミーティングに最適。ディナーよりも効率がいい。

| | |
|---|---|
| 13時～13時30分 | 自転車で4キロ移動。（Ⅲ投資） |
| 13時30分～15時 | スポーツクラブでトレーナーとトレーニング。（Ⅲ投資） |

ポイント…◉定期的にスポーツクラブに通うリズムをつくる。レンタルロッカーやクリーニングサービスがあるジムを選び「面倒くささ」を取り除くのがコツ。

| | |
|---|---|
| 15時30分～16時 | 自転車で4キロ移動。（Ⅲ投資） |
| 15時30分～16時 | 自宅で読書、録画しておいたドキュメンタリー番組の鑑賞などゆったりする。（Ⅲ投資50％、Ⅳ空費50％） |
| 18時～18時30分 | タクシーで5キロ移動。（Ⅲ投資） |

ポイント…◉子どもが疲れてしまって、出先でぐずらないよう体力温存のためタクシーで行く。

| | |
|---|---|
| 18時30分～22時30分 | 子どもと一緒に友人宅へ。食事をしながら、親同士、子ども同士で楽しく時間を過ごす。（Ⅲ投資50％、Ⅳ空費50％） |
| 22時30分～23時 | タクシーで5キロ移動。（Ⅲ投資） |
| 23時～1時 | 寝室で専門書の読書。（Ⅲ投資） |

ポイント…◉厚めの本を読むのに適した時間帯。ふつうなら「お酒を飲んだら寝るだけ」の週末の夜も楽しめる。

| | |
|---|---|
| 1時 | 入浴、就寝。 |

**日曜日**（Ⅰ消費…0%／Ⅱ浪費…20%／Ⅲ投資…70%／Ⅳ空費…10%）

| | |
|---|---|
| 9時～9時50分 | お弁当づくりがないので遅めに起床、子どもと朝食。（Ⅲ投資） |
| 9時50分～10時 | 子どもとキックボードで1・5キロ先の美容院まで移動。（Ⅲ投資） |
| 10時～12時 | 美容院でカットをしてもらう。（Ⅲ投資） |

ポイント…◉カットはまめにする。髪の乱れが気にならなくなるので、かえって時間の節約になる。

| | |
|---|---|
| 12時～13時 | ファミレスで子どもとランチ。（Ⅲ投資） |

ポイント…◉休日の外食も、夕食だと子どもたちの就寝時間が遅くなりがちなのでランチを活用。

| | |
|---|---|
| 13時～14時 | 子どもと買い物や散歩をしながら帰宅。（Ⅲ投資） |
| 14時～19時 | 1週間分のレビューを行い、積み残しを仕上げる。手帳の見直し、目標への進捗管理、今週のスケジュールの管理、散らかった家の片づけ、帳簿つけ・ファイリングなど、いわば1週間の決算期。（Ⅲ投資） |

ポイント…◉日曜日の午後を1週間のレビューにあてることで来週の時間管理がしやすくなる。ここで積み残しを清算しておくことで、次週に影響することを防ぐ。

| | |
|---|---|
| 19時～21時 | 夕食づくり、夕食。 |
| 21時～23時 | 1週間分の情報整理を行う。経済情報、統計、決算などをネットでもう一度整理をしながら、月曜日から必要な仕事をイメージしておく。 |
| 23時 | 入浴、就寝。 |

# あとがき

この本を最後まで読んでくださって、ありがとうございました。きっと、早い人だと二時間くらいでここまで読み終わっているのではないかと思います。でも「二時間で読める＝内容が薄い本」と誤解しないでください。

なぜなら、この本自体、読んでいるみなさんの時間効率を最大化するという視点でつくっているからです。

本書では、「黄金の時間の5原則」や「黄金の時間を増やすための5つのステップ」など、論点を注意深く絞り込んで、わかりやすく整理しています。

その上で、その論点がよく理解できるよう構成を工夫し、コミュニケーション効率の最大化を目指しています。

また、本書は一回読んで終わりではなく、何度も参照して使うことを意識して構成しています。なぜなら、本書はこれからあなたが時間管理をする際のガイドなので、（たとえば週に一回手帳を見て、費用対効果のレビューをするときに）「えっと、あれはどういうやり方だっけ？」とおさらいすることになるだろうからです。

二時間で読み終わったとしても、本書の影響はこの先もっともっと長い時間になります。ここで書かれている手法を実践するためには、それが生活習慣として根づくまで、あなたが実際にその手法に取り組む必要があるからです。

そうです。大事なのは、読んでいる時間の長さではなく、これから実践する時間の長さです。その長さに応じて、もたらされる効果、喜びの大きさが変わってくることでしょう。

最後の結びとして、四つのメッセージを読者のみなさんにお伝えしたいと思います。

## ❶本書の時間投資効果は数百倍以上です

この本を読むのに二時間かかったとします。つまり、あなたはこの本にあなたの大事な時間を二時間も投資してくれたということです。本当にありがたいことです。

私たちは一年間におおよそ、五八四〇時間（一日一六時間×三六五日）目を覚まして行動をしています。仮に、本書の効果であなたの生産性が五％上がったとしましょう。同じ効果を達成するために、これまでよりも五％少ない時間ですむようになるわけです。

すると五八四〇時間×五％で、一年に二九二時間もの時間の余裕ができるのです。二時間で本書を読んだわけですから、一年分のリターンを考えると一四六倍の効果となります。これが五年一〇年続くとなると、リターンはもっともっと大きくなります。

逆に損益分岐点を考えますと、この先一年間の効率が、わずか〇・〇三四％改善されただけで、二時間の投資は回収できることになります。まさしく、この本を読んで得たことを実行することで、あなたは「時間投資効果」を実感できるでしょう。

## ❷膨大な時間と費用を投資したノウハウを利用してください

私がこの本でご紹介したノウハウを生み出す土台には、膨大な量の読書、人からの学び、そして自分自身の実践からの学びがあります。この土台づくりには、多くの「時間とお金の投資」が必要でした。その中から、本書では高い成果のあったものを注意深く選びご紹介しています。

あなたはもうすでに、この本を手に入れているのですから、ノウハウを生み出すための土台にお金を払う必要はありません。ノウハウをつくるプロになってもしかたがありません。ノウハウを使って、成果を手に入れればいいのです。

多くの人はパソコンも、インターネットも、エクセルも、その技術的な背景や設計がどうなっているのかをまったく知りませんが、何の支障もありません。それよりは、使いこなし方を一つ一つマスターして、どんどん成果を出していったほうがよほど効果的です。あなたも、この本をうまく使って、新しい成果をどんどん生み出してください。そのような成果を見ることが、私の一番の喜びでもあります。

### ❸この本の手法を実践し、チェックして、アレンジしてください

何か新しいことを学ぶとき、最初はアドバイスが腑に落ちないことがあります。

私は今でこそオーディオブック信者ですが、学生時代の英語の先生に、いろいろな名曲を使っての英語のディクテーションをやらされたときには、その意味はまったくわかりませんでした。ただ、試験があるのでしかたなくやっていたのです。その効果がわかったのは、大学を出て実際のビジネスの場面で英語のヒアリングに臨むときになってでした。

同じように、本書のアドバイスの意味は、読んだばかりのときには、よくわからないことも多いでしょう。それは当たり前で、わかっていたら、もうなんらかの形でとっくに始めていてもおかしくありません。

実践して三ヶ月や半年かかってようやく、なぜそうしたアドバイスをされたのか、自分の経験や感覚を通してはじめてわかってくることは多いのです。わかっているつもりのこ

とでも、三ヶ月後に再び見直すと、より深く気づくこともあります。

したがって、この本は手元に置いて、ぜひ何ヶ月か置きに読み返してほしいのです。前著『無理なく続けられる年収10倍アップ勉強法』も「読むことで勉強に対する意欲がわくため、何度も読み返した」という感想を読者の方からいただき、本当にうれしかったものです。

この本も同じように、新しい気づきをあなたにもたらす本であることを願っています。

また、この本に書いてあることが、だんだん腑に落ちてきたら、次は効果をチェックしながら、少しずつ自分のやりやすい方法にアレンジしていってほしいのです。いろいろなことの組み合わせで、あなたなりの新しい方法を生み出し、変化させていってください。

環境は常に変わりますし、よりよいやり方は一人一人違います。しかし、新鮮な気づきと投資効果をしっかりと実感できれば、新しい工夫がどんどん楽しくなることでしょう。

## ❹ワークライフバランスを実現するため日本人全体が時間への意識を高めなければなりません

私たち日本人のワークライフバランスは年々悪化する一方です。

五年前、一〇年前と比べると、確実に勤務時間は長くなり、業務責任は重くなり、その一方で給料は変わりません。

特に大きな問題は、ワークライフバランスとして最適だと考える時間よりも、多くの人が長く働かざるを得ない状況になっているということです。その結果、さまざまな心身の健康障害も起きてきています。

一方、どんなにあなたが時間管理をうまく行おうとしても、チームメンバーや直属の上司が時間への意識が低い人だと、必ずしもうまく時間管理できない場合もあるでしょう。しかし、覚えておいていただきたいのは、一人一人がワークライフバランスの重要性に気づき、時間投資法という解決策を実行していけば、必ず全体も変わってくるということです。

私が勤めていたマッキンゼーでは、新しい手法を見つけたり、あるいは、同じチームでうまくいっていない人がいたときに何かいい手法を知っていたら、どんどん周囲に教えて、成果を共有することが強烈に推奨されていました。

単に人事評価のポイントになる・ならないということ以上に、そういう行動パターンをとると大きく効率が上がるということを全員が経験的に知っていたからです。私も新入社員の頃は、どうして全員がよってたかって教えてくれるのだろう、とびっくりしたものです。

ぜひ、あなたも同じように、この本で役に立った手法があったら、どんどん周りにも推奨してください。直接、同僚や友人に教えるのでもいいですし、ブログやSNSを使って広める方法もあると思います。

そして、一人でも多くの人の時間管理への意識が高まると、仕組み作りへの意欲も高まり、だらだらとした働き方、すなわち「Ⅱ浪費の時間」「Ⅳ空費の時間」が減ってくるはずなのです。

よけいなことや生産性の低いことに、必要以上に自分の時間を使わないということは、実は相手の時間も大事にすることです。なぜなら、何事も一人でできることはないので、もし私たちが生産性の低い時間を使っていた場合には、それにつきあわせている他の人の時間もムダにすることになるからです。

より価値のある時間に自分の時間を投資するという考え方は、自分の人生を豊かにするだけではなく、他の人の人生をも豊かにするポテンシャルがあります。

そして、他の人に新しい考え方をシェアし、コーチングをする余力を持つためにも、私たちはまずは自分の時間を大事にして効率よく投資していかなければならないのです。

まずはあなたが「時間投資法」のもたらす大きな報酬を実感してください。そして、あなたに大きな報酬をもたらした方法を、どんどん他の人と共有し広めていってほしいのです。

そうすることで他の人にも、自分の時間や相手の時間を大事にするということへの気づきが広がります。その結果、私たち一人一人が、より希望に合った働き方や、より充実した時間の使い方ができるようになっていくでしょう。

ぜひ、時間という貴重な資源を、より大切にすることで、より大きな幸せや報酬をつかんでください。

この本をつくるにあたり、以下の方々にお世話になりました。

『無理なく続けられる年収10倍アップ勉強法』に続き、本書の企画発案者であり編集責任者でもあるディスカヴァーの干場弓子社長。二人三脚で本書の制作を続けてきてくれた編集部の原典宏さん。『年収10倍アップ手帳2008』の編集を担当し、本書とのすりあわせをしてくださった編集部の橋詰悠子さん。同じく『年収10倍アップ手帳2008』の編集を担当し、前著『会社でチャンスをつかむ人が実行している本当のルール』の担当でもある編集部の石橋和佳さん。その他、いろいろアドバイスやご協力をいただいたディスカヴァーの編集・広報・営業のみなさま。本書のデザイナーの金澤浩二さん、最後の仕上げを一緒にしてくれた京都大学産官学連携センター寄附研究部門准教授の瀧本哲史さん。そして、いつも「お仕事がんばってね」と声をかけてくれる、私の娘たち三人。

たくさんの人たちとの協力で、時間をかけてできあがった本です。この本への投資が、みなさんの時間の回収として実ることを願ってやみません。

ブラウザ「Firefox」ダウンロード http://www.mozilla-japan.org/products/firefox/

RSS用の追加プログラム「Firefox Add-on Sage」

https://addons.mozilla.org/ja/firefox/addon/77

Sage mixi拡張 http://mixsage.sizzlingstream.ifdef.jp/

パソコンでデータ管理できる体重計「体重体組成計カラダスキャンHBF-354IT」(OMRON)

有機野菜などの食材宅配Oisix(おいしっくす) http://www.oisix.com/

『「快眠」セラピー』(高田明和著 光文社)

バナナスタンド

コミュニティサイト「早ね早おき朝ごはん」 http://www.hayanehayaoki.jp

『自転車生活の愉しみ』(疋田智著 朝日新聞社)

『ネオ家事入門――これが生活の新常識70』(ももせいづみ著 PHP研究所)

ももせいづみさんのサイト「M's net」 http://www.chikuwa.com/momo/

ももせいずみさんがガイドを務める「All About共働きの家事」

http://allabout.co.jp/family/hw4di/

「Paraliminal CD」(Learning Strategies社)の案内(英語)

http://www.learningstrategies.com/Paraliminal/Intro1.asp

瞑想のCD『瞑想へのいざない』(山川紘矢・山川亜希子 PHP研究所)

Googleデスクトップ http://desktop.google.com/ja/

親指ひゅんQダウンロード http://nicola.sunicom.co.jp/info3.html

親指シフト入門書と練習ソフト http://software.fujitsu.com/jp/japanist/relation.html#2

『ハイ・コンセプト』(ダニエル・ピンク著 三笠書房)

『第1感』(マルコム・グラッドウェル著 光文社)

『スピードハックス』著者・大橋悦夫さんのサイト「シゴタノ!」

http://cyblog.jp/modules/weblog/

## 5章 実践ケーススタディ❶

Googleカレンダー http://calendar.google.com/

年収10倍アップ時間投資法　　愛読者カード

◆本書をお求めいただきありがとうございます。ご返信いただいた方の中から、抽選で毎月5名様に**オリジナル図書カード（1000円分）をプレゼント！**◆小社の新刊や読者プレゼント、イベント等のご案内、アンケートをお送りすることがあります。◆**メールアドレスをご記入いただいた方には**新刊情報や既刊のコンテンツをピックアップした小社のメルマガをお届けします。

| フリガナ<br>お名前 | 男<br>女 | 19　年　月　日生　歳 |
|---|---|---|
| e-mail (PC)　@<br>e-mail (携帯)　@ | | |
| ご住所　(〒　－　)<br><br>電話　(　) | | |
| ご職業　1 会社員（管理職・営業職・技術職・事務職・その他）2 公務員　3 教育職<br>4 医療・福祉（医師・看護師・その他）5 会社経営者　6 自営業<br>7 マスコミ関係　8 クリエイター　9 主婦　10 学生（小・中・高・大・その他）<br>11 フリーター　12 その他（　） | | |
| 本書についてのご意見・ご感想をお聞かせください | | |

**ご意見ご感想は小社のWebサイト上でも簡単に送信できます。** →http://www.d21.co.jp/html/c58.html

ご記入ありがとうございました。ご感想を匿名で広告等に掲載させていただくことがございます。ご了承ください。

なお、いただいた情報が、上記の小社の目的以外に使用されることはありません。

郵便はがき

料金受取人払

麹町局承認

700

差出有効期間
平成21年
7月20日まで
（切手不要）

102-8790

210

東京都千代田区三番町8-1

Discover
ディスカヴァー

行

**ディスカヴァーの本をご注文くださる場合は**
**以下にご記入ください。**

●このハガキで小社の書籍がご注文になれます。

●ご注文いただいた本は、小社が委託する本の宅配会社ブックサービス（株）より、1週間前後でお届けいたします。代金は、お届けの際、下記金額をお支払ください。

**お支払金額＝税込価格＋手数料**

（手数料は税込価格合計1500円未満の場合500円、1500円以上の場合200円）

●電話やFAX、小社Webサイトでもご注文を承ります。

http://www.d21.co.jp　電話 03-3237-8321　FAX 03-3237-8323

| ご購入になる書名 | 税込価格 | 冊数 |
| --- | --- | --- |
| | | |
| | | |
| | | |
| | | |
| | | |

フリガナ
お名前

ご住所　（〒　　ー　　　）

お電話　　　（　　　）

## 〈本文で紹介した本・サイトなど〉

**多くは、特設アマゾンストアでお求めになれます。(http://astore.amazon.co.jp/10up-22)**

### 1章 なぜ時間管理はうまくいかないのか

「快眠プログラムマット」(National)

### 2章 なぜ新しい行動は続かないのか

『川本裕子の時間管理革命』(川本裕子著 東洋経済新報社)

『レバレッジ時間術』(本田直之著 幻冬舎)

### 3章 勝間式「黄金の時間の5原則」

著者が監修した手帳『ワークライフバランス手帳』『年収10倍アップ手帳』(ディスカヴァー)

持ち歩けるナビ「Mio Digi Walker C323」(MiTAC JAPAN)

『ナチュラルダイエット』(ハーヴィー・ダイアモンド著 ディスカヴァー)

『粗食のすすめ』(幕内秀夫著 新潮社)

『100歳まで元気に生きる!』(ジョン・ロビンズ著 アスペクト)

『感じる脳』(アントニオ・R・ダマシオ著 ダイヤモンド社)

『誘惑される意志』(ジョージ・エインズリー著 NTT出版)

『「続ける」技術』(石田淳著 フォレスト出版)

『禁煙セラピー』(アレン・カー著 ロングセラーズ)

『禁酒セラピー』(アレン・カー著 ロングセラーズ)

ファミリーサポート、シルバー人材センター(家事や保育園の送迎など)

『さあ、才能《じぶん》に目覚めよう』(マーカス・バッキンガム/ドナルド・O・クリフトン著 日本経済新聞社)

### 4章 黄金の時間を増やすための5つのステップ

『問題解決プロフェッショナル「思考と技術」』(齋藤嘉則著 ダイヤモンド社)

『世界一やさしい問題解決の授業』(渡辺健介著 ダイヤモンド社)

「CHINTAI」新着メール登録 http://www.chintai.net

# 無理なく続けられる
# 年収10倍アップ時間投資法

発行日　2007年10月15日 第1刷
　　　　2007年10月25日 第2刷

Author　勝間和代

Book Designer　金澤浩二

Illustrator　上杉久代

Publication　株式会社ディスカヴァー・トゥエンティワン
〒102-0075 東京都千代田区三番町8-1
TEL 03-3237-8321（代表）
FAX 03-3237-8323
http://www.d21.co.jp

Publisher　干場弓子
Editor　原 典宏
Proofreader　磯崎博史

Promotion Group
Staff　小田孝文 中澤泰宏 片平美恵子 井筒浩 千葉潤子 早川悦代
飯田智樹 佐藤昌幸 横山勇 鈴木隆弘 大薗奈穂子 山中麻吏
空閑なつか 吉井千晴 山本祥子

Assistant Staff　俵敬子 町田加奈子 丸山香織 小林里美 冨田久美子 井澤徳子
古後利佳 藤井多穂子 片瀬真由美 藤井かおり 三上尚美
福岡理恵 長谷川希 島田光世

Operation Group
Staff　吉澤道子 小嶋正美 小関勝則

Assistant Staff　竹内恵子 畑山祐子 熊谷芳美 荒井薫 清水有基栄 鈴木一美
田中由仁子 榛葉菜美

Creative Group
Staff　藤田浩芳 千葉正幸 橋詰悠子 三谷祐一 石橋和佳 大山聡子
田中亜紀 谷口奈緒美 大竹朝子

Printing　株式会社厚徳社



ISBN978-4-88759-586-6